La méthode ENJOY ma solution anti-stress

Élodie Jacquemond

La méthode ENJOY ma solution anti-stress

SOMMAIRE

CHAPITRE 1
Tu n'es pas seul(e)
10

CHAPITRE 2
Vaincre ses angoisses
16

CHAPITRE 3
Vaincre le stress
22

CHAPITRE 4
Vaincre la honte
28

CHAPITRE 5
Vaincre la sensation d'échec
34

CHAPITRE 6
Vaincre la peur
40

CHAPITRE 7
Vaincre la panique
46

CHAPITRE 8
Vaincre la sensation d'être ridicule
52

CHAPITRE 9
Vaincre la colère
58

CHAPITRE 10
Vaincre le sentiment d'injustice
64

CHAPITRE 11
Envie d'avoir confiance
69

CHAPITRE 12
Envie d'oser prendre des risques
76

CHAPITRE 13
Envie d'entreprendre
80

CHAPITRE 14
Envie d'atteindre ses objectifs
85

Bonus 90

Biographie 92

Holissence 93

Remerciements 94

Introduction

La méthode ENJOY incarne une quête profondément personnelle et universelle, marquant le début d'un voyage au cœur du bien-être, initié par la nécessité de découvrir un sanctuaire de paix au milieu de l'agitation incessante de la vie moderne. Cette recherche de sérénité est née de mon propre cheminement, confrontée aux multiples facettes du stress quotidien, à travers les complexités de ma vie professionnelle et personnelle. **Ce voyage a été un processus d'apprentissage et de découverte, où chaque expérience de stress était une occasion de tester et d'adapter diverses techniques pour trouver le calme et l'équilibre.**

La méthode ENJOY est le fruit de ce parcours, **une synthèse soigneusement élaborée de pratiques transformatrices telles que la sophrologie, la méditation de pleine conscience, la cohérence cardiaque, le yoga nidra et le yin yoga.** Ces disciplines, intégrées dans la méthode, ont été éprouvées et affinées au fil du temps, permettant de créer un système holistique conçu pour le bien-être. En partageant les cas de personnes aux parcours variés, ENJOY illustre la diversité des expériences de stress et de bien-être, montrant comment les principes de la méthode peuvent être adaptés à différents besoins et circonstances.

Ces témoignages, alliés à mes propres constats et expériences, offrent une perspective riche et nuancée sur les défis du stress et la recherche du bien-être. Ils démontrent comment, malgré la diversité des parcours de vie, des points communs émergent dans la quête de sérénité et d'équilibre. La méthode ENJOY est conçue comme un voyage progressif, où chaque technique et pratique est une étape vers une compréhension de soi plus profonde et une capacité accrue à gérer le stress et à cultiver la paix intérieure.

Cette méthode se veut plus qu'un ensemble de techniques ; c'est **une philosophie de vie**, une approche intégrale qui encourage à explorer différentes pratiques pour trouver celles qui résonnent le plus avec les besoins et les aspirations individuels. Chaque élément de la méthode est conçu pour inviter à l'expérimentation, à la découverte personnelle, et à une transformation profonde, permettant de déverrouiller le potentiel de bien-être inhérent à chacun.

Ce voyage avec ENJOY est un engagement profond avec soi-même, un processus pour explorer les potentialités de transformation personnelle et de croissance. La méthode se présente comme un guide pratique et une source d'inspiration pour ceux qui aspirent à une existence moins stressante, plus équilibrée et épanouie. En intégrant ENJOY dans votre parcours de vie, vous accédez à des outils et des connaissances qui ouvrent la voie à la tranquillité d'esprit et à une joie de vivre authentique. Ce chemin vers le bien-être vous invite à découvrir une manière d'exister plus riche et harmonieuse, où chaque jour offre la possibilité de cultiver une paix intérieure durable et profonde.

La Méthode ENJOY

Après avoir traversé une période de stress intense durant mes années scolaires et vécu des événements traumatisants tels que le 11 septembre 2001 à New York, des émeutes à Barcelone avec un enfant en bas âge dans les bras, et un moment d'isolement durant les attentats parisiens, j'ai réalisé que **je ne pouvais plus continuer à subir mon stress sans réagir**. Ces expériences, marquées par l'anxiété et la peur, m'ont poussée à chercher une méthode efficace pour reprendre le contrôle de mes émotions... et de ma vie. C'est dans ce contexte que j'ai développé **ENJOY, une méthode intégrative, riche et diversifiée, puisant dans les principes et pratiques de la méditation, la sophrologie, la cohérence cardiaque, le yoga nidra, et le yin yoga**. Cette approche holistique est conçue pour vous accompagner dans un voyage de transformation personnelle profonde, où chaque pas est une avancée vers une meilleure compréhension de soi et une plus grande paix intérieure.

L'objectif d'ENJOY est de vous envelopper d'un sentiment de soutien, soulignant que vous n'êtes jamais seul(e) face à vos luttes internes. Elle vous offre une palette d'outils pour naviguer à travers les complexités de l'angoisse, du stress, de la honte, de la sensation d'échec, de la peur, de la panique, du sentiment de ridicule, de la colère et du sentiment d'injustice. Mais son ambition va au-delà de la simple gestion des émotions négatives : elle aspire à restaurer votre confiance, à stimuler votre audace, à vous inciter à prendre des initiatives et à vous engager résolument vers la réalisation de vos objectifs personnels et professionnels.

Intégrer ces pratiques dans votre quotidien est une invitation à établir une connexion profonde avec vous-même, afin de trouver la voie menant à une meilleure gestion du stress et des angoisses. Pour enrichir votre expérience et vous guider de manière immersive dans cette méthode, vous avez la possibilité d'écouter les exercices guidés au son de ma voix, ce qui vous aide à vous focaliser sur chaque étape, à vous relaxer et à vous laisser conduire dans le processus de guérison et de développement personnel. Ma voix agit comme un fil conducteur à travers les diverses pratiques, vous offrant un soutien constant et une guidance à travers votre parcours de bien-être mental et émotionnel, facilitant ainsi une immersion plus profonde dans les exercices et permettant une expérience plus enrichissante et plus engageante.

La pratique que je vous offre s'enracine dans la pleine conscience, vous encourageant à observer, reconnaître et accepter vos émotions sans jugement, les considérant comme des étapes vers une transformation positive et constructive. La respiration consciente et régulée, au cœur de cette pratique, joue un rôle crucial dans l'harmonisation du corps et de l'esprit, agissant comme un levier pour stabiliser les émotions et les réponses physiologiques, en particulier grâce à la cohérence cardiaque, qui est un concept éprouvé pour atténuer le stress et améliorer le bien-être général.

La méthode ENJOY ne se limite pas à vous offrir des pistes pour gérer les émotions négatives. Elle vous pousse également à prendre des initiatives, à définir clairement vos objectifs et à mettre en place des stratégies concrètes pour les atteindre. C'est une invitation à prendre activement en main votre parcours de vie, à transformer vos aspirations en réalisations tangibles, en cultivant un état d'esprit orienté vers l'action et la réussite. **En suivant ce chemin, vous vous engagez dans une dynamique de croissance personnelle, où chaque pas en avant est une victoire sur les barrières intérieures qui vous limitent, vous menant vers une existence plus épanouissante et alignée avec vos désirs les plus profonds.**

Élodie Jacquemond

CHAPITRE 1

TU N'ES PAS SEUL(E)

Une réalité incontournable, nous sommes tous stressés !

Dans notre monde en perpétuel mouvement, le stress semble être devenu un compagnon constant de notre quotidien. De l'employé de bureau au médecin, de l'enseignant à l'artiste, de l'étudiant au startupper, nul n'est épargné par cette réalité psychologique et physiologique complexe.

Le stress, souvent perçu négativement, est en réalité une réaction naturelle de notre organisme face à une situation de challenge ou de menace. Il nous prépare à réagir, que ce soit par le combat ou la fuite. Cependant, quand le stress devient chronique, il peut affecter notre bien-être, notre santé mentale et physique.

La société moderne, avec son rythme effréné, ses exigences élevées et sa connectivité constante, semble être une usine à stress. Des études montrent que des personnes de tous âges, milieux socio-économiques et cultures ressentent du stress à des niveaux significatifs. La pression de réussir professionnellement, les attentes sociales, les préoccupations financières, les défis relationnels et les crises mondiales comme la pandémie de Covid-19 ne font qu'accentuer ce sentiment d'être constamment sous pression.

Les effets du stress sont multiples et peuvent se manifester de diverses manières. Sur le plan émotionnel, il peut entraîner de l'anxiété, de la dépression, de l'irritabilité ou un sentiment de débordement. Physiquement, le stress chronique peut contribuer à des problèmes tels que des maladies cardiaques, des troubles du sommeil, des douleurs musculaires, des troubles digestifs et un affaiblissement du système immunitaire.

Face à cette réalité omniprésente, la question se pose : comment gérer efficacement le stress ? La première étape consiste à reconnaître sa présence et à en identifier les sources. Il est crucial d'adopter une approche proactive en intégrant des pratiques de gestion du stress dans notre vie quotidienne. Des techniques telles que la méditation, le yoga, l'exercice physique régulier, une alimentation équilibrée et un sommeil suffisant peuvent jouer un rôle significatif dans la réduction du stress.

En parallèle, il est important de cultiver des relations sociales positives, de prendre du temps pour des activités récréatives et de pratiquer la gratitude et la pleine conscience. Ces stratégies peuvent aider à réduire le niveau de stress perçu et à améliorer la qualité de vie.

Les chiffres

En France, la santé mentale semble vaciller sous l'impact de multiples facteurs stressants, révèle une enquête menée par l'Ifop[1]. Après une pandémie épuisante nerveusement et physiquement, les Français aspiraient à un semblant de normalité. En fait, la réalité a été différente : inflation, conflits géopolitiques, alertes climatiques, et une hausse des hospitalisations ont rythmé leur quotidien.

1- Source : « Santé : 95 % des Français sont stressés ou anxieux selon l'étude réalisée par l'Ifop pour Mes Bienfaits », Ifop, 2022.

Le résultat marquant de cette étude concerne le fait que **95 % des Français adultes éprouvent un niveau significatif de stress ou d'anxiété**. Ce taux alarmant met en lumière une fragilité collective face aux défis actuels. La guerre en Ukraine, la situation politique instable dans notre pays, les difficultés financières, et l'incertitude économique mondiale se profilent en tête des préoccupations, influençant profondément le moral des citoyens.

Le conflit ukrainien préoccupe davantage les seniors et les cadres, tandis que les jeunes et les moins aisés ressentent plus la pression financière. **Surprenant, le stress quotidien dépasse en intensité les craintes liées aux grandes crises mondiales, touchant 56 % des sondés contre 39 %.**

En termes de gestion du stress, **une majorité de Français (62 %) prend des initiatives personnelles comme le sport, l'amélioration du sommeil ou de l'alimentation**, tandis que **seulement 30 % cherchent conseil auprès de professionnels de santé.**

« Soudain, mon corps a refusé de suivre… »

Je m'appelle Marina, j'ai 25 ans, et pendant longtemps, j'ai cru que j'étais la seule à être submergée par un stress si intense qu'il semblait ingérable. Mon travail dans une agence de publicité réputée exigeait de moi une performance constante. Mon quotidien était devenu un défi éprouvant. Diplômée avec des attentes élevées, je me suis rapidement sentie noyée par la pression du monde professionnel.

Chaque matin, en me préparant pour le travail, je ressentais une angoisse croissante. Sur les réseaux sociaux, je voyais les autres partager des moments de joie et de succès, ce qui accentuait mon sentiment de solitude et d'inadéquation. Je me demandais comment ils faisaient pour gérer leurs vies si aisément, tandis que la mienne semblait être un chaos constant.

La situation a atteint son paroxysme lorsque j'ai été chargée d'un projet avec des délais irréalistes et des attentes démesurées. Je me suis investie corps et âme, travaillant sans relâche, jusqu'à ce que, littéralement, mon corps refuse de suivre. Lors d'une réunion cruciale, je me suis effondrée, épuisée et angoissée.

Cet événement a été un tournant. Poussée par un collègue, j'ai entamé un parcours thérapeutique. Avec l'aide de mon psychologue, j'ai découvert que mon expérience n'était pas unique. De nombreuses personnes de mon entourage luttaient aussi en silence contre le stress.

La thérapie m'a aidée à comprendre l'origine de mon stress et à développer des stratégies pour mieux le gérer. J'ai appris à intégrer des pratiques de relaxation comme la méditation, et j'ai réorganisé mon quotidien pour inclure des moments de plaisir et de détente.

Peu à peu, ma vie a changé. Je me suis sentie moins isolée, réalisant que le stress est une expérience partagée. En parlant ouvertement de mes défis, j'ai non seulement trouvé un soulagement mais aussi offert un espace pour que d'autres puissent partager les leurs.

Mon histoire est celle d'une transformation de la solitude engendrée par le stress en une compréhension partagée et une solidarité retrouvée. Bien que le stress soit universel, nous avons tous la capacité de le gérer et de trouver un équilibre dans notre vie. Je ne suis plus cette jeune femme qui croyait être la seule à affronter des montagnes de stress ; je suis devenue une personne qui trouve de la force dans la communauté et dans la compréhension partagée de nos expériences humaines communes.

La solution

Dans la danse silencieuse de la vie, où chaque battement de cœur rythme nos jours et nos nuits, nous rencontrons des ombres de stress et d'anxiété, des spectres qui murmurent des doutes et des craintes. Ces moments, où l'air semble s'épaissir et chaque souffle devient un effort, nous rappellent notre vulnérabilité. Cependant, au sein de cette vulnérabilité réside une force insoupçonnée, un pont vers l'apaisement et la connexion.

Je vous invite à un voyage intérieur, un parcours délicat et puissant à travers cet exercice de respiration, non pas comme une fuite, mais comme un face-à-face avec soi-même.

Prenez le temps d'écouter le souffle de votre existence, pour reconnaître vos peurs et les envelopper de votre présence consciente. En pratiquant cet exercice de respiration en quatre étapes, vous forgerez le sanctuaire de votre souffle, où réside une paix intangible, un compagnon silencieux mais constant.

EXERCICE

1 /// PRÉPARATION ET PRISE DE CONSCIENCE

- **Trouvez un endroit calme où vous ne serez pas dérangé.**
- **Asseyez-vous confortablement, dos droit mais sans rigidité, les pieds à plat sur le sol.**
- **Fermez les yeux pour limiter les distractions et concentrez-vous sur votre respiration naturelle, observant les sensations dans votre corps sans jugement.**

2 /// RESPIRATION PROFONDE ET CONSCIENTE (comptez quatre secondes pour chaque étape)

- Inspirez lentement par le nez et sentez l'air remplir vos poumons et votre abdomen se gonfler.
- Retenez votre respiration afin de permettre à l'oxygène de circuler dans votre corps.
- Expirez lentement par la bouche en libérant consciemment toute la tension et le stress accumulés.
- Faites une pause après l'expiration avant de prendre une nouvelle inspiration.

3 /// RECONNAISSANCE ET ACCEPTATION

- Pendant que vous respirez, reconnaissez que le stress est une réaction commune que tout le monde expérimente. Imaginez que chaque respiration vous connecte à une expérience humaine partagée, renforçant votre sentiment d'unité et de soutien.
- Lorsque des pensées ou des sentiments stressants surgissent, accueillez-les sans jugement, en les visualisant comme des nuages passant dans le ciel de votre esprit, et revenez doucement à votre respiration.

4 /// TRANSITION VERS L'ÉQUILIBRE

- Continuez à respirer profondément pendant 5 à 10 minutes, en intégrant cette sensation de calme et de connexion.
- En fin d'exercice, prenez un moment pour vous sentir ancré et revigoré, rappelant que le stress est gérable et que vous avez la capacité de trouver l'équilibre.
- Ouvrez lentement les yeux, en vous étirant légèrement si nécessaire, et engagez-vous à emporter cette sensation de calme et de contrôle pour le reste de votre journée.

CHAPITRE 2

VAINCRE SES ANGOISSES

Maîtriser ses angoisses pour une vie plus épanouie

L'angoisse est un état émotionnel intense caractérisé par une sensation d'incertitude, de peur et de malaise profond, souvent sans cause apparente ou spécifique. Elle se manifeste à la fois physiquement et psychologiquement, entraînant une gamme de symptômes comme une accélération du rythme cardiaque, une sudation excessive, des tremblements, une sensation de vertige, ou même une peur panique. Sur le plan mental, elle peut provoquer une inquiétude excessive, des pensées obsédantes, une difficulté à se concentrer, et un sentiment d'impuissance ou de désespoir. L'angoisse diffère de la peur, qui est généralement une réaction à une menace extérieure identifiable, en ce sens qu'elle peut surgir sans stimulus extérieur direct et être vécue comme un état d'alerte persistant face à une menace interne ou indéfinie.

Les origines des angoisses sont multifactorielles, résultant d'un entrelacement complexe de facteurs génétiques, biologiques, environnementaux et psychologiques. D'un point de vue biologique, les angoisses peuvent être liées à des déséquilibres chimiques dans le cerveau, notamment dans la gestion des neurotransmetteurs comme la sérotonine et le Gaba[2], qui régulent l'humeur et la réaction au stress.

D'un point de vue psychologique et environnemental, les expériences vécues, telles que le traumatisme, le stress chronique, ou même l'éducation et les interactions sociales durant l'enfance, peuvent profondément influencer la manière dont une personne réagit au stress et perçoit les menaces. L'apprentissage et les expériences négatives conditionnent l'individu à réagir avec anxiété dans certaines situations, renforçant ainsi les schémas d'angoisse. De plus, les changements majeurs dans la vie, les pressions sociétales ou professionnelles, et les défis quotidiens exacerbent ces sentiments d'angoisse, les rendant plus fréquents ou plus intenses.

Au cœur de notre quête de sérénité, il est crucial de comprendre que les angoisses ne sont pas simplement des obstacles passagers ; elles sont souvent le reflet de peurs profondes et de schémas de pensée négatifs enracinés en nous au fil du temps. Ces peurs sont susceptibles de déclencher des réactions physiques et émotionnelles intenses, limitant notre capacité à réagir de manière objective et rationnelle face aux défis de la vie.

Vaincre ses angoisses signifie donc entreprendre un voyage introspectif pour identifier les causes sous-jacentes de ces peurs. Cela implique souvent de déterrer des souvenirs douloureux ou d'être confronté à des vérités inconfortables sur soi-même. Cependant, ce processus de découverte et de guérison est indispensable pour transformer nos réactions émotionnelles et construire une nouvelle manière de percevoir et d'interagir avec le monde.

L'importance de surmonter ses angoisses réside aussi dans le fait que celles-ci peuvent affecter de manière significative notre santé physique et mentale. Les états anxieux prolongés conduisent souvent à des troubles du sommeil, à des problèmes de digestion, à une hypertension artérielle, ou même à des maladies plus graves liées au stress. Psychologiquement, ils peuvent engendrer un sentiment de découragement, de tristesse, voire de dépression, affectant notre estime de soi et notre capacité à établir des relations saines avec les autres.

D'un point de vue pratique, apprendre à gérer ses angoisses offre une plus grande résilience face aux imprévus de la vie. Cela se traduit par une capacité accrue à prendre des décisions éclairées, à rester concentré sous pression et à maintenir une attitude positive, même dans les circonstances les plus

2- Le Gaba (acide gamma-aminobutyrique) est un neurotransmetteur présent dans le cerveau, jouant un rôle crucial dans la régulation de l'excitabilité neuronale à travers le système nerveux central. Il fonctionne principalement comme un neurotransmetteur inhibiteur, ce qui signifie qu'il aide à réduire l'activité neuronale et à prévenir la surstimulation.

difficiles. En maîtrisant nos peurs, nous pouvons mieux définir nos objectifs et poursuivre nos ambitions sans être paralysés par le doute et l'incertitude.

Il est essentiel de cultiver un environnement de soutien, en s'entourant de personnes qui comprennent et respectent notre parcours vers le bien-être. Le partage d'expériences et le soutien mutuel jouent un rôle significatif dans la réduction des angoisses et la construction d'une vie plus épanouie.

Les chiffres

Les troubles anxieux, manifestant une anxiété grave et récurrente sans lien avec un danger réel, **troublent profondément le quotidien d'environ 15 à 20 % de la population française**[3] à un moment de leur vie. Ils se démarquent nettement de la peur passagère ou de l'anxiété momentanée, en s'inscrivant dans une durée et une intensité qui **altèrent significativement la qualité de vie. Ces troubles, touchant deux fois plus les femmes que les hommes**, s'expriment sous différentes formes : de l'anxiété généralisée, caractérisée par un état d'inquiétude constant sur plus de six mois, aux phobies spécifiques déclenchées par des éléments précis comme des animaux ou des situations, en passant par le trouble panique, la phobie sociale, et le trouble obsessionnel compulsif (TOC). Ces derniers sont accompagnés d'une variété de symptômes physiques tels que maux de tête, douleurs musculaires et insomnies, exacerbant le cycle de l'anxiété. Les causes de ces troubles sont multifactorielles, incluant des prédispositions familiales, des événements traumatisants et l'usage de substances.

3- Source : https://www.ameli.fr/assure/sante/themes/troubles-anxieux-anxiete/comprendre-troubles-anxieux-anxiete#:~:text=Chiffres%20cl%C3%A9s%20de%20l'anxi%C3%A9t%C3%A9,un%20autre%20de%20leur%20vie.

« La méditation est devenue un pilier de ma routine »

Je m'appelle Alexandre et j'ai longtemps vécu dans l'ombre de l'anxiété. Mon existence se résumait à une lutte quotidienne contre des peurs irrationnelles, une inquiétude constante et des nuits sans sommeil. L'impact de cette anxiété se faisait ressentir dans chaque aspect de ma vie, de mon travail à mes relations, plongeant mon bien-être dans une brume épaisse et impénétrable.

La situation a atteint un point de non-retour le jour où j'ai été choisi pour présenter un projet important au travail. Ce qui aurait dû être une occasion de briller s'est transformé en un cauchemar éveillé. L'angoisse a grimpé en flèche, me faisant réaliser que je ne pouvais plus ignorer mon état. C'était le moment de vérité, le signal d'alarme indiquant que je devais chercher de l'aide.

Ma recherche de solutions m'a mené à la découverte de trois approches révolutionnaires : la sophrologie, la pleine conscience et la cohérence cardiaque. Poussé par la curiosité et le désespoir, j'ai plongé tête la première dans l'apprentissage et la pratique de ces méthodes.

La sophrologie m'a ouvert la porte à une nouvelle façon de vivre. À travers des exercices de respiration, de visualisation et de relaxation, j'ai appris à calmer mon esprit et à trouver un espace de paix intérieure. Pour la première fois depuis des années, j'ai goûté à ce que signifiait se sentir réellement détendu.

La pleine conscience a ensuite changé ma façon de voir mes pensées. En apprenant à les observer sans jugement et à rester ancré dans le moment présent, j'ai trouvé une nouvelle façon de naviguer dans mes journées. La méditation est devenue un pilier de ma routine, un sanctuaire de tranquillité au milieu du chaos.

La cohérence cardiaque a été la pièce manquante du puzzle. Cette technique simple, qui consiste à réguler ma respiration pour influencer mon rythme cardiaque, m'a donné les moyens de contrôler mon stress et mon anxiété en temps réel. Peu à peu, j'ai intégré ces pratiques dans ma vie, constatant une amélioration notable de mon état général.

Lorsque le jour de la grande présentation est finalement arrivé, je me suis appuyé sur ces nouvelles compétences pour affronter le défi avec une confiance renouvelée. Bien que l'expérience ait été éprouvante, elle ne m'a pas écrasé comme par le passé. La présentation s'est avérée être un succès, marquant un tournant décisif dans ma lutte contre l'anxiété.

Ces techniques m'ont non seulement aidé à surmonter un moment particulièrement stressant, mais elles ont également transformé ma vie de façon plus large. Mes crises d'angoisse sont devenues moins fréquentes,

mon sommeil s'est amélioré, et je me sens plus épanoui tant personnellement que professionnellement.

Le chemin vers le rétablissement est un voyage continu, nécessitant dévouement et persévérance. Mais je suis la preuve vivante que, même dans les profondeurs du désespoir, il existe un chemin vers la lumière. Avec les bons outils et un engagement envers soi-même, il est possible de surmonter l'anxiété et de vivre une vie pleine de sérénité, d'équilibre et de joie. Mon histoire est un message d'espoir pour tous ceux qui sont encore à la recherche de leur chemin vers la paix intérieure.

La solution

Je vous propose un exercice basé sur la cohérence cardiaque et la sophrologie car il permet de réguler votre système nerveux, de réduire l'hyperactivation mentale et d'encourager une attitude positive face au stress et à l'anxiété. Cet exercice engage votre corps et votre esprit dans un processus de relaxation profonde, favorisant ainsi un état de calme et de bien-être. En pratiquant régulièrement, vous pourrez non seulement apaiser vos angoisses actuelles mais aussi développer une meilleure résilience émotionnelle face aux défis futurs. La respiration rythmée active le système parasympathique, induisant une relaxation physique qui aide à diminuer la tension et le stress. La visualisation positive renforce les schémas de pensée bénéfiques, contribuant à une perspective plus optimiste et plus calme de la vie. Ensemble, ces techniques offrent un moyen puissant et accessible pour surmonter les angoisses et améliorer significativement votre qualité de vie.

EXERCICE

1 /// PRÉPARATION

- **Trouvez un espace calme où vous ne serez pas dérangé.**
- **Asseyez-vous confortablement, les pieds bien à plat sur le sol, le dos droit mais sans tension. Si vous préférez, vous pouvez aussi pratiquer cet exercice en position allongée.**
- **Fermez doucement les yeux et prenez un moment pour vous déconnecter de votre environnement extérieur.**

2 /// RESPIRATION ET CONSCIENCE DU CORPS

- Commencez par prendre conscience de votre respiration sans chercher à la modifier. Notez son rythme naturel, la sensation de l'air qui entre et sort de vos narines.
- Puis, doucement, commencez à approfondir votre respiration, en inspirant lentement par le nez sur 5 secondes, puis en expirant tout aussi lentement par la bouche sur 5 secondes. Cette respiration rythmée est la base de la cohérence cardiaque.

3 /// ACTIVATION DE LA COHÉRENCE CARDIAQUE

- Continuez à respirer selon ce rythme de 5 secondes en inspirant et 5 secondes en expirant. Réalisez cet exercice de respiration pendant 3 à 5 minutes.
- Imaginez que chaque respiration vous apporte une vague de calme et que chaque expiration libère les tensions et l'anxiété de votre corps.

4 /// VISUALISATION POSITIVE

- Maintenant, tout en continuant votre respiration rythmée, introduisez une visualisation positive. Imaginez un lieu qui vous apporte une profonde sensation de paix et de sérénité. Cela peut être un lieu réel où vous vous êtes senti détendu, ou un espace imaginaire.
- Visualisez-vous dans cet espace, ressentant le calme, la sécurité et la tranquillité. Observez les couleurs, les sons, les sensations tactiles, puis laissez ce lieu de paix s'imprégner de votre être.

5 /// ANCRAGE

- Pour terminer l'exercice, concentrez-vous sur la sensation de vos pieds ancrés au sol (ou de votre corps soutenu par la chaise/coussin si vous êtes assis ou allongé).
- Prenez quelques respirations profondes et, à chaque expiration, imaginez que vous renforcez votre connexion à la terre, vous sentant stable et centré.

6 /// CLÔTURE

- Quand vous vous sentez prêt, commencez à bouger doucement vos doigts et vos orteils, revenant progressivement à la conscience de votre environnement.
- Ouvrez les yeux, étirez-vous, baillez comme si vous veniez de vous réveiller et prenez un moment pour noter tout changement dans votre état d'esprit ou dans vos sensations corporelles.

CHAPITRE 3

VAINCRE LE STRESS

Les deux faces du stress

Le stress est souvent perçu négativement, mais il peut également jouer un rôle crucial dans notre adaptation et notre survie.

Quand on parle de stress, on pense souvent à ses effets négatifs. **Cependant, le stress développe aussi des aspects positifs lorsqu'il est géré efficacement. L'eustress, ou stress positif, est associé à des situations perçues comme stimulantes et bénéfiques pour l'individu.** Il se manifeste souvent lors de défis professionnels, comme prendre en charge un projet important ou apprendre une nouvelle compétence, qui bien que stressants, sont sources d'enrichissements personnel et professionnel. De même, les événements de vie excitants tels qu'un mariage ou la naissance d'un enfant, bien qu'ils génèrent également du stress, sont généralement vécus comme des moments de grande joie et marquent des points culminants dans la vie personnelle.

Le stress peut également agir comme un catalyseur pour améliorer la performance en aiguisant l'attention et la concentration. Un niveau modéré de stress est souvent nécessaire pour accomplir des tâches sous pression, augmentant ainsi la concentration. Par ailleurs, il peut également stimuler l'urgence et la détermination, vous poussant à atteindre vos objectifs avec plus de vigueur.

Au-delà de ces aspects, le stress est un moteur puissant pour le développement personnel. Il encourage généralement à anticiper de nouvelles stratégies d'adaptation et à mettre en œuvre des méthodes efficaces de gestion du stress. De plus, surmonter les périodes de stress renforce la résilience psychologique, augmentant ainsi la capacité à gérer les défis futurs.

Bien que le stress améliore parfois la performance et le développement personnel, il est également associé à des conséquences graves sur la santé, susceptibles de saper ces bénéfices. Sur le plan physique, un stress prolongé peut être dévastateur, augmentant le **risque de troubles cardio-vasculaires** par l'élévation chronique de la pression artérielle. Il exacerbe ou déclenche des **problèmes gastro-intestinaux** comme le syndrome de l'intestin irritable ou des ulcères, et affaiblit le système immunitaire, rendant le corps plus vulnérable aux infections. Sur le plan psychologique, le stress génère des effets tout aussi néfastes. **Des niveaux élevés de stress peuvent conduire à l'anxiété et à la dépression**, altérant de manière significative la qualité de vie. Il est également une cause fréquente de troubles du sommeil, compromettant la capacité de récupération du corps et de l'esprit.

Le stress est une double épée, offrant à la fois des risques significatifs pour la santé et des opportunités de croissance. Comprendre comment naviguer entre les effets néfastes et les avantages potentiels du stress est essentiel pour vivre une vie équilibrée et épanouissante.

Les chiffres

Une enquête réalisée en février 2023 par Ipsos pour les laboratoires Boiron[4] révèle des statistiques alarmantes sur le stress en France. Selon cette étude, **65 % des Français âgés de 18 à 75 ans ressentent du stress**, et 43 % indiquent une augmentation de leur niveau de stress au cours des deux dernières années. Les causes principales sont liées à des facteurs sociaux et économiques tels que le travail, l'argent et les problèmes familiaux. Notamment, **49 % des personnes âgées de 55 à 75 ans perçoivent l'actualité, incluant les réformes, les conflits et l'inflation, comme une source majeure de stress.**

Le stress affecte tous les groupes d'âge en France. **Chez les jeunes adultes, notamment les 25-34 ans, un pourcentage alarmant de 79 % se dit stressé.** Le stress concerne également les enfants, avec environ **40 % des parents déclarant que leur enfant est stressé (38 % des parents d'enfants de 6 à 11 ans rapportent que leur enfant est souvent très stressé).** Les femmes semblent ressentir le stress de manière plus intense que les hommes : **71 % d'entre elles déclarent être stressées contre 58 % pour la gent masculine.** Les problèmes familiaux et la difficulté à concilier vie personnelle et professionnelle sont fréquemment cités comme les principales sources de leurs maux.

L'étude aborde aussi la perception générale du stress et ses effets sur la santé. Une grande majorité de Français, **91 %, estiment que le stress est néfaste pour la santé.** Les symptômes les plus couramment associés au stress comprennent la nervosité, l'irritabilité, les troubles du sommeil, la fatigue, ainsi que les tensions musculaires, les maux de tête et les troubles digestifs, soulignant l'impact considérable du stress sur le bien-être physique et psychologique.

4- Source : « Enquête Ipsos sur les Français et le stress », Boiron, 2023.

« Mon besoin de tout savoir en temps réel avait un coût émotionnel »

Je m'appelle Claire, j'ai 46 ans, et je suis bibliothécaire dans une petite ville tranquille. Pendant des années, ma routine matinale impliquait de me plonger immédiatement dans le flot incessant des actualités. Au début, cela me semblait vital pour rester informée, mais avec le temps, cette habitude est devenue une source de stress et d'anxiété quasi permanente. Les informations sur les conflits mondiaux, les crises économiques et les scandales politiques commençaient à envahir chaque pensée, chaque moment de calme potentiel de ma journée.

La réalité de mon état m'a frappée lors d'un week-end particulièrement anxiogène après avoir passé plusieurs heures à scruter les réseaux sociaux et les sites d'actualité. Mon cœur battait la chamade, et je me sentais dépassée, incapable de me détendre. C'est là que j'ai réalisé que mon besoin de tout savoir en temps réel avait un coût émotionnel et physique énorme.

J'ai commencé par réduire drastiquement mon temps d'écran. Au lieu d'absorber passivement les nouvelles dès le réveil, j'ai institué une nouvelle règle : pas d'écrans avant le petit déjeuner. Ce temps matinal est devenu un moment pour moi, souvent passé en silence ou en écoutant de la musique douce, ce qui me permettait de commencer la journée avec sérénité. J'ai également intégré la méditation à ma routine quotidienne. Chaque matin, je consacrais dix minutes à la méditation de pleine conscience, ce qui m'aidait à me centrer et à préparer mentalement ma journée. Le yoga est aussi devenu une partie importante de ma semaine, renforçant mon corps et apaisant mon esprit simultanément.

Ces nouvelles habitudes m'ont aidée à me sentir moins réactive aux nouvelles alarmistes. Je me suis aussi rendu compte que je pouvais être informée sans être submergée. J'ai commencé à sélectionner quelques sources d'information fiables et à définir des moments spécifiques pour me mettre à jour, plutôt que de laisser les notifications dicter mon attention tout au long de la journée.

Aujourd'hui, je me sens beaucoup plus en contrôle de mon interaction avec les informations et les réseaux sociaux. J'ai appris que je pouvais rester informée sans laisser l'actualité diriger ma vie. Cette expérience m'a non seulement permis de réduire mon stress mais aussi d'améliorer ma qualité de vie globale. En me reconnectant avec moi-même et en établissant des frontières saines, j'ai trouvé un équilibre qui me permet de rester sereine dans un monde qui ne cesse jamais de tourner.

La solution

Dans notre quotidien souvent trépidant, il est presque inévitable de ressentir du stress face aux nombreux défis et pressions. Bien que le stress représente parfois une source de motivation et nous aide à surmonter des obstacles, il devient un fardeau lorsqu'il est excessif et non désiré, impactant négativement notre humeur, notre productivité, et nos relations.

Je vous propose des techniques efficaces pour gérer et réduire ce stress indésirable. L'exercice que je partage ici combine trois méthodes éprouvées – la cohérence cardiaque, la méditation de pleine conscience et la sophrologie – pour offrir un outil simple et efficace de gestion du stress. En seulement quelques minutes, cet exercice peut aider à apaiser un esprit agité, réaligner les émotions, et restaurer un état de bien-être.

EXERCICE

1 /// COHÉRENCE CARDIAQUE (1 minute)

- **Trouvez un endroit calme où vous asseoir confortablement, dos droit, pieds bien à plat sur le sol, et mains reposant doucement sur les cuisses.**
- **Fermez les yeux et commencez à respirer profondément : inspirez lentement par le nez pendant 5 secondes, en sentant l'air remplir vos poumons et votre abdomen se gonfler légèrement.**
- **Expirez ensuite lentement par la bouche pendant 5 secondes, en ressentant une relaxation progressive de votre corps. Répétez ce cycle trois à quatre fois. Cette méthode aide à normaliser le rythme cardiaque et à préparer le corps et l'esprit à un état de détente.**

2 /// MÉDITATION DE PLEINE CONSCIENCE (2 minutes)

- Maintenez les yeux fermés et dirigez votre attention sur les sensations physiques immédiates : le poids de votre corps sur la chaise, le contact de vos pieds avec le sol, et la texture de l'air sur votre peau.
- Observez chaque respiration sans chercher à la modifier. Si votre esprit commence à vagabonder vers des pensées stressantes ou des distractions, notez-le simplement sans jugement et revenez à la sensation de votre respiration. Cela aide à ancrer l'esprit dans le présent et à réduire les ruminations anxieuses.

3 /// VISUALISATION POSITIVE (2 minutes)

- Imaginez-vous dans un lieu qui incarne la tranquillité. Ce pourrait être une plage au crépuscule où vous pouvez sentir la brise douce et salée, entendre le rythme apaisant des vagues, et voir le ciel se teinter de couleurs vives au coucher du soleil.
- Visualisez chaque détail de ce lieu et ressentez chaque sensation comme si vous y étiez. À chaque expiration, imaginez expulser le stress de votre corps et de votre esprit, comme si la brise emportait vos inquiétudes. Chaque inspiration vous apporte une énergie paisible et revitalisante, remplissant votre cœur de calme et de sérénité.

J'ai conçu ce court exercice pour être facilement intégré dans votre routine quotidienne ou utilisé comme un outil rapide pour contrer le stress lorsqu'il apparaît. En vous engageant régulièrement dans cette pratique, vous pouvez améliorer votre gestion du stress et renforcer votre capacité à rester centré et calme face aux défis quotidiens.

CHAPITRE 4

VAINCRE LA HONTE

Comprendre et surmonter la honte pour réduire le stress

La honte est une émotion profondément enracinée dans notre expérience humaine. Elle se manifeste lorsqu'**une personne se perçoit, ou craint d'être perçue par les autres, comme insuffisante, inférieure ou inadéquate**. Contrairement à la culpabilité, qui est une réaction à ce que l'on a fait, **la honte concerne qui l'on est**. Elle touche à l'essence même de notre identité et à notre sentiment de valeur personnelle. Souvent enracinée dans les expériences de notre enfance et façonnée par les attentes culturelles et sociales, la honte peut provenir de critiques ou de jugements sévères de la part de figures d'autorité ou de pairs, de comparaisons sociales où l'on se sent constamment à la traîne, ou d'échecs perçus qui semblent souligner nos insuffisances.

Les psychologues estiment que la honte est un mécanisme qui évolue pour nous aider à maintenir des liens sociaux et à nous conformer aux normes du groupe. Cependant, lorsque ce sentiment est disproportionné ou mal géré, il devient toxique et paralysant. La honte peut se manifester de plusieurs manières, souvent en réponse à des situations où nous nous sentons exposés et vulnérables. Physiquement, elle peut entraîner une sensation de chaleur, de rougissement, ou une envie de disparaître. Émotionnellement, elle est associée à des sentiments de tristesse, de dégoût de soi, ou même de colère. Sur le plan comportemental, la honte peut conduire à l'évitement social, à des troubles de l'alimentation, à la procrastination, ou à des comportements autodestructeurs.

Lorsqu'elle n'est pas adressée, la honte peut gravement perturber notre vie. Elle nous empêche de prendre des risques sains, de nous ouvrir aux autres, et de poursuivre nos ambitions. La honte chronique est souvent un facteur sous-jacent dans de nombreux troubles mentaux, notamment la dépression, l'anxiété, et les troubles de l'image corporelle. De plus, la honte peut exacerber le stress, surtout lorsque nous nous sentons constamment jugés ou insuffisants. **Ce cercle vicieux de honte et de stress peut entraver notre capacité à gérer efficacement les défis quotidiens, affectant notre santé mentale et notre bien-être général.**

La première étape pour gérer la honte est de la reconnaître et de l'accepter comme une étape normale de l'expérience humaine. Il est crucial de distinguer la honte des actes qui l'ont provoquée. Partager ses expériences avec des personnes de confiance peut diminuer son emprise. Le soutien empathique peut aider à relativiser et à reconstruire l'estime de soi. Développer une compassion pour soi est essentiel. Cela inclut des exercices de pleine conscience et de méditation qui favorisent une attitude de non-jugement envers soi-même. Travailler avec un thérapeute aide à identifier les racines de la honte et à développer des stratégies pour la surmonter. La thérapie peut fournir les outils nécessaires pour reconstruire une image de soi positive.

La honte est un sentiment puissant qui peut façonner de manière significative notre perception de nous-mêmes et nos interactions avec le monde. En apprenant à gérer efficacement ce sentiment, nous pouvons alléger le fardeau du stress qu'il génère et mener une vie plus épanouie et authentique. La clé réside dans la compassion, la compréhension et le soutien continu, à la fois de soi-même et des autres.

Analyse de Fossum et Masson

Dans leur exploration de la dynamique interne du jugement de soi, **Merle Fossum et Marilyn Mason[5] mettent en lumière les mécanismes psychologiques par lesquels les individus évaluent et critiquent leur propre comportement, leurs pensées et leurs émotions.** Ce jugement intérieur, profondément influencé par les expériences de vie, les attentes sociales et familiales, ainsi que par les normes internalisées dès l'enfance, a des implications significatives pour la thérapie, en particulier dans le cadre centré sur la famille.

Fossum et Mason expliquent que le jugement de soi peut fortement impacter l'estime de soi. Un jugement intérieur sévère entraîne une faible estime de soi, tandis qu'un jugement plus compatissant et compréhensif renforce la confiance en soi et l'autonomie personnelle. Ils notent également que les schémas comportementaux et relationnels appris dans la famille jouent un rôle crucial dans la formation de ces jugements, souvent en reproduisant les critiques ou les attentes des parents.

L'approche thérapeutique de Fossum et Mason propose d'explorer et de modifier ces schémas destructeurs de jugement de soi. Ils recommandent des techniques de restructuration cognitive pour changer les croyances négatives sur soi-même et des interventions pour améliorer la communication et les relations familiales. Ils soulignent l'importance de l'identification aux traits positifs de la personnalité et la dissociation des aspects perçus négativement, un processus qui peut conduire à un conflit interne et à une dissonance cognitive si ces aspects négatifs sont ignorés ou réprimés.

Le but ultime en thérapie est d'aider les individus à intégrer tous les aspects de leur personnalité pour atteindre une image de soi plus holistique et acceptante. Cela comprend le développement de l'auto-compassion, qui consiste à se traiter avec la même gentillesse et soutien qu'on offrirait à un bon ami. De plus, ils promeuvent l'usage de la pleine conscience comme moyen de prendre conscience des pensées et sentiments sans s'y attacher ou les amplifier, facilitant ainsi une observation plus objective des schémas de pensée et leur modification progressive.

En somme, le travail de Fossum et Mason révèle la complexité des interactions entre le soi, la famille et la société dans la formation de l'auto-évaluation et propose des stratégies thérapeutiques pour surmonter des schémas de pensée autodestructeurs et pour cultiver un soi plus résilient et compatissant.

5- Merle Fossum et Marilyn Mason sont des figures reconnues dans le domaine de la thérapie familiale et des soins de santé mentale. Leurs travaux se concentrent principalement sur l'amélioration des dynamiques familiales et individuelles à travers diverses approches thérapeutiques. Ils sont particulièrement connus pour leur contribution à la compréhension des mécanismes du jugement de soi et de l'estime de soi, ainsi que pour leur intégration des théories psychologiques dans la pratique clinique.

« Je me suis rendu compte que je n'avais plus besoin de craindre qui j'étais »

Je m'appelle Natacha, et pendant longtemps, j'ai eu peur de qui j'étais vraiment. Cette peur était comme une ombre qui me suivait partout, obscurcissant ma perception de moi-même et me laissant dans un état constant d'anxiété et d'incertitude. Je me sentais souvent déconnectée de moi-même, comme si je n'étais pas en accord avec la personne que j'étais censée être. La source de cette peur remonte à mon enfance, où j'ai souvent été confrontée à des critiques et à des jugements. Ces expériences m'ont fait douter de moi-même et de ma valeur intrinsèque. Au fil des années, cette peur s'est enracinée de plus en plus profondément en moi, m'empêchant de m'épanouir pleinement et de vivre en accord avec mes véritables aspirations.

C'est alors que j'ai découvert le pouvoir des affirmations positives. Au début, j'étais sceptique. Comment quelques mots pourraient-ils vraiment changer la façon dont je me percevais ? Mais j'étais désespérée de trouver une solution à ma lutte intérieure, alors j'ai décidé de les essayer. Chaque jour, je répétais des affirmations positives devant le miroir, me disant des choses comme « Je suis digne d'amour et de bonheur », « Je suis capable de surmonter les défis qui se présentent à moi » et « Je mérite d'être heureuse et épanouie ». Au début, cela semblait étrange et peu naturel, mais au fil du temps, ces affirmations ont commencé à résonner en moi d'une manière profonde.

Peu à peu, j'ai senti une transformation s'opérer en moi. Les pensées négatives qui avaient longtemps habité mon esprit ont commencé à se dissiper, remplacées par un sentiment croissant de confiance en moi et d'estime de soi. Je me suis rendu compte que je n'avais plus besoin de craindre qui j'étais, car j'étais en train de devenir la meilleure version de moi-même. Aujourd'hui, je suis reconnaissante pour le pouvoir des affirmations positives dans ma vie. Elles m'ont aidée à surmonter ma peur de moi-même et à embrasser pleinement qui je suis. Je sais que le chemin vers l'acceptation de soi est parfois difficile, mais je veux dire à quiconque lutte avec ses propres démons intérieurs qu'il y a de l'espoir. Avec de la patience, de la persévérance et un peu d'amour-propre, il est possible de surmonter ses peurs et de s'épanouir pleinement dans sa propre lumière.

La solution

Souvent, la honte est envahissante, affectant non seulement la façon dont je me perçois moi-même, mais aussi mes interactions avec les autres. Cependant, en pratiquant cet exercice de sophrologie, je me suis progressivement construit un espace mental où la critique et le jugement négatif se dissolvent, remplacés par une acceptation et une affirmation de soi.

Cet exercice combine des techniques de respiration profonde et d'affirmation positive pour créer une expérience de détente et de renouveau intérieur. Il peut être pratiqué dans un endroit calme où vous ne serez pas dérangé. Je vous invite à suivre ces étapes avec ouverture et à répéter l'exercice aussi souvent que nécessaire, pour découvrir ses effets bénéfiques sur votre bien-être émotionnel et mental.

EXERCICE

1 /// PRÉPARATION ET RELAXATION INITIALE

- **Asseyez-vous confortablement sur une chaise, les pieds bien à plat sur le sol, les mains reposant sur les cuisses ou les genoux.**
- **Fermez les yeux et prenez quelques instants pour détendre chaque partie de votre corps, de la tête aux pieds.**
- **Respirez lentement et profondément, en vous concentrant sur votre respiration, sentant votre abdomen se soulever à chaque inspiration et s'abaisser à chaque expiration.**

2 /// RESPIRATION CONTRÔLÉE

- **Concentrez-vous sur votre respiration : inspirez lentement par le nez en comptant jusqu'à quatre, retenez votre souffle en comptant jusqu'à quatre, puis expirez lentement par la bouche en comptant jusqu'à six.**

- Répétez ce cycle de respiration cinq fois pour aider à réduire la tension corporelle et mentale.

3 /// AFFIRMATION POSITIVE

- Pensez à une affirmation positive qui résonne avec vous. Le choix des affirmations est essentiel pour que cet exercice soit efficace. Voici quelques exemples d'affirmations que vous pouvez utiliser ou adapter :
  - « Je suis digne de respect et d'amour. »
  - « Je libère mes peurs et embrasse la confiance. »
  - « Je mérite le bonheur et la paix intérieure. »
  - « Je suis fort(e), capable et résilient(e). »
  - « Chaque jour, je grandis et je progresse. »
  - « Je m'accepte pleinement tel(le) que je suis. »
- Répétez cette affirmation silencieusement à chaque expiration, en laissant ces mots imprégner votre esprit et remplacer les pensées négatives par des pensées de confiance et d'acceptation de soi.

4 /// RETOUR À LA RÉALITÉ

- Ramenez doucement votre attention à votre respiration, prenez conscience de votre corps et de l'environnement autour de vous.
- Bougez légèrement vos doigts et vos orteils, étirez-vous si nécessaire, puis ouvrez les yeux quand vous vous sentez prêt(e).

CONSEIL : Pratiquez cet exercice régulièrement, idéalement tous les jours ou plusieurs fois par semaine, pour renforcer son effet et diminuer progressivement les sentiments de honte.

CHAPITRE 5

VAINCRE LA SENSATION D'ÉCHEC

Vaincre l'échec pour embrasser de nouvelles opportunités et libérer notre potentiel créatif

La sensation d'échec est une expérience émotionnelle profonde que nous ressentons lorsque nos actions ne correspondent pas à nos attentes ou aux standards établis par notre entourage. Elle provoque souvent un sentiment d'insuffisance et peut être paralysante. **Cette sensation prend racine dans plusieurs sources, notamment les normes sociales et culturelles qui définissent le succès, les attentes familiales ou éducatives souvent élevées, et notre propre estime de soi, qui peut nous faire interpréter négativement les résultats.** Vaincre cette sensation est essentiel pour plusieurs raisons. D'abord, pour notre santé mentale et notre bien-être, car la peur constante de l'échec est synonyme d'anxiété, de dépression et de stress chronique. Ensuite, surmonter cette peur est crucial pour notre développement personnel et notre croissance, car cela nous permet de prendre des risques et d'embrasser de nouvelles opportunités, essentielles pour l'apprentissage et l'évolution personnelle. De plus, en surmontant la peur de l'échec, nous libérons notre potentiel créatif, favorisant ainsi l'innovation et la créativité qui sont souvent inhibées par la crainte de l'échec. Enfin, une meilleure gestion de cette sensation améliore nos interactions sociales, nous rendant moins susceptibles de projeter nos insécurités ou de réagir négativement sous pression. **Pour combattre efficacement la sensation d'échec, il est conseillé de reformuler cette expérience négative comme une étape naturelle du processus d'apprentissage, de développer la résilience pour mieux rebondir après un revers, de pratiquer l'auto-compassion, et d'ajuster nos objectifs pour qu'ils soient plus en phase avec notre contexte personnel et professionnel.** En embrassant ces stratégies, nous pouvons non seulement améliorer notre propre vie mais aussi inspirer et aider ceux autour de nous à faire de même, ouvrant la voie à une vie moins stressante et plus épanouissante.

Analyse de Charles Pépin

Dans son livre *Les vertus de l'échec*, le philosophe et écrivain Charles Pépin[6] explore une perspective souvent négligée mais essentielle sur l'échec : ses aspects bénéfiques et sa capacité à contribuer au succès personnel et professionnel. L'analyse de Pépin déconstruit les préjugés négatifs associés à l'échec et met en lumière comment celui-ci peut être un puissant moteur de développement, d'apprentissage et de découverte de soi.

Charles Pépin commence par remettre en question la perception commune de l'échec, souvent vu comme une marque de honte ou d'incompétence. Au contraire, il argumente que **l'échec est une étape presque inévitable sur le chemin de la réussite.** À travers des exemples tirés de la vie de figures célèbres et de grandes personnalités, comme les entrepreneurs, les sportifs et les artistes, il montre que beaucoup de succès remarquables ont été précédés de revers initiaux qui ont servi de leçons cruciales.

Selon Charles Pépin, **l'échec enseigne l'humilité, la résilience et la nécessité de persévérance.** Il force les individus à sortir de leur zone de confort, à revoir leurs stratégies et à comprendre leurs limitations, tout en renforçant leur détermination. **L'échec est également présenté comme un catalyseur**

6- Charles Pépin est un philosophe et romancier agrégé de philosophie, diplômé de Sciences-Po Paris et d'HEC. Il a enseigné à la Maison d'éducation de la Légion d'honneur et à Sciences-Po Paris. Auteur de nombreux essais philosophiques et romans, il a également co-écrit des bandes dessinées avec Jul. Chroniqueur pour *Philosophie Magazine*, il anime des conférences, un séminaire de philosophie et a tenu un podcast sur Spotify.

qui incite à la réflexion critique sur soi-même, permettant ainsi une meilleure compréhension de ses propres capacités et aspirations.

L'un des points saillants de l'analyse de Charles Pépin est que l'échec peut être une source riche de créativité. Face à l'échec, les individus sont souvent poussés à innover pour surmonter les obstacles. Cette nécessité de trouver des solutions alternatives conduit à une pensée plus flexible et inventive, qualités indispensables dans de nombreux domaines créatifs et professionnels.

Charles Pépin aborde également le concept de résilience, en expliquant comment **les épreuves et les échecs renforcent la capacité à résister aux pressions futures**. Il soutient que ceux qui ont expérimenté et surmonté l'échec sont souvent mieux préparés pour les défis à venir, ayant développé une sorte de « muscle » psychologique qui les aide à persévérer là où d'autres pourraient abandonner.

Selon lui, **l'échec est essentiel pour la croissance et la transformation personnelle**. Il invite ses lecteurs à repenser leur rapport à l'échec, à le voir non pas comme un cul-de-sac, mais comme un détour enrichissant sur le chemin du succès. En embrassant l'échec comme une composante naturelle de la vie, on peut non seulement atteindre ses objectifs à long terme mais aussi acquérir une sagesse et une résilience qui enrichissent l'existence dans son ensemble. En somme, son livre est une sorte de plaidoyer convaincant pour une acceptation de l'échec non pas comme une fin en soi, mais comme une étape précieuse dans le parcours personnel et professionnel. Il suggère que c'est en reconnaissant et en valorisant l'échec que l'on peut véritablement se libérer de ses chaînes et accéder à une réussite plus authentique et durable.

« Petit à petit, j'ai appris à me détacher de cette peur de l'échec qui me paralysait »

Je me souviens encore de ce sentiment qui m'envahissait à l'époque, un mélange d'excitation et de terreur à l'idée de me lancer dans l'aventure entrepreneuriale. J'avais 25 ans, fraîchement diplômé d'une école de commerce, et l'idée de créer ma propre société me trottait dans la tête depuis un moment déjà. Mais chaque fois que j'y pensais sérieusement, la peur de l'échec me saisissait violemment.

Pendant des mois, cette peur m'a paralysé. J'avais l'impression que chaque pas que je prenais vers la concrétisation de mon projet était entravé par cette anxiété grandissante. J'avais des idées, de l'enthousiasme, mais dès que je me retrouvais face à la perspective de l'échec, je reculais.

C'est alors que j'ai décidé de faire face à cette peur. Je me suis lancé dans un voyage intérieur, explorant différentes méthodes pour apprivoiser mes craintes. C'est ainsi que j'ai découvert la méditation de pleine conscience. Au début, cela semblait presque futile, assis là, les yeux fermés, essayant de calmer mon esprit agité. Mais au fil du temps, j'ai commencé à ressentir les bienfaits de cette pratique.

La méditation m'a appris à observer mes pensées sans les laisser me dominer. J'ai appris à reconnaître les pensées négatives et à les laisser passer, sans les laisser m'envahir. Petit à petit, j'ai appris à me détacher de cette peur de l'échec qui me paralysait. Je me suis rendu compte que l'échec n'était pas une fatalité, mais simplement une étape sur le chemin de la réussite.

Armé de cette nouvelle perspective, j'ai décidé de me lancer. Deux ans après avoir commencé à travailler sur ma peur de l'échec, j'ai enfin créé ma propre société. Ce n'était pas facile, loin de là. Il y a eu des hauts et des bas, des moments de doute et de découragement. Mais à chaque fois que cette peur frappait à la porte, je me replongeais dans ma pratique de méditation, retrouvant ainsi ma force intérieure.

Aujourd'hui, je regarde en arrière avec gratitude. Non seulement j'ai réussi à surmonter cette pensée négative, mais j'ai aussi réussi à construire une entreprise florissante. Et tout cela, grâce à un voyage intérieur qui m'a appris que la véritable réussite réside dans le dépassement de soi-même.

Je m'appelle Mathieu, et cette expérience m'a transformé de façon profonde.

La solution

Découvrez un exercice de pleine conscience conçu pour surmonter la peur de l'échec. En tant qu'entrepreneuse confrontée à cette peur, j'ai trouvé dans la méditation une méthode efficace pour entraîner mon esprit à surmonter mes craintes. La pleine conscience m'a permis de me détacher de mes pensées négatives et de reconnaître les opportunités. Cet exercice nous ancre dans le moment présent, nous aidant à observer nos pensées avec détachement. Avec le temps, il peut nous aider à changer notre perspective sur l'échec, le voyant comme une opportunité d'apprentissage. En pratiquant régulièrement la méditation, nous pouvons développer une confiance en nous-mêmes, plus solide.

EXERCICE

1 /// PRÉPARATION

- **Trouvez un endroit calme et confortable où vous pourrez vous détendre sans être dérangé.**
- **Asseyez-vous ou allongez-vous dans une position confortable.**
- **Fermez les yeux et prenez quelques respirations profondes pour vous détendre.**

2 /// ANCREZ-VOUS DANS LE MOMENT PRÉSENT

- **Portez votre attention sur votre respiration. Sentez l'air entrer et sortir de vos narines. Remarquez le mouvement de votre ventre qui se soulève et qui s'abaisse à chaque inspiration et expiration.**
- **Laissez vos pensées passer comme des nuages dans le ciel, sans vous y accrocher. Ramenez doucement votre attention sur votre respiration chaque fois que votre esprit vagabonde.**

3 /// VISUALISATION DE LA RÉUSSITE

- Imaginez-vous dans une situation où vous avez déjà surmonté un défi ou accompli quelque chose que vous redoutiez. Cela peut être lié à votre projet entrepreneurial ou à toute autre situation où vous avez vaincu la peur de l'échec.
- Plongez-vous pleinement dans cette scène. Utilisez tous vos sens pour rendre l'expérience aussi vivante que possible. Visualisez les détails, entendez les sons, ressentez les émotions positives qui accompagnent le succès.
- Remarquez comment vous vous sentez dans cette situation. Ressentez la confiance, la satisfaction et la fierté qui émanent de votre réussite.

4 /// AFFIRMATIONS POSITIVES

- Répétez-vous des affirmations positives liées à la réussite et à la confiance en vous-même. Par exemple : « Je suis capable de surmonter les obstacles », « Je suis digne de succès », « Chaque défi que je rencontre est une opportunité de grandir ».
- Laissez ces affirmations résonner en vous, en vous concentrant sur les sentiments positifs qu'elles évoquent.

5 /// RETOUR À LA RÉALITÉ

- Lentement, ramenez votre attention à votre respiration. Prenez quelques respirations profondes pour vous ancrer dans le moment présent.
- Lorsque vous êtes prêt(e), ouvrez doucement les yeux et observez les sensations dans votre corps et les pensées qui traversent votre esprit.

Pratiquez cet exercice de visualisation positive régulièrement, de préférence chaque jour. Avec le temps, vous pourrez constater une diminution de votre peur de l'échec et un renforcement de votre confiance en vous-même.

CHAPITRE 6

VAINCRE LA PEUR

Dompter la peur pour trouver un équilibre

La gestion de la peur est un élément crucial de la méthode ENJOY. La peur, profondément enracinée dans nos instincts de survie, trouve ses origines dans les profondeurs de notre cerveau, dans une partie appelée l'amygdale, souvent surnommée le « cerveau émotionnel ». **Lorsque nous sommes confrontés à des situations perçues comme menaçantes, que ce soit une présentation importante au travail, une décision financière difficile à prendre ou même une rencontre avec l'inconnu, notre amygdale est activée, déclenchant une cascade de réactions physiologiques et émotionnelles en préparation à la lutte ou à la fuite.**

Ces manifestations de la peur peuvent varier d'une personne à l'autre. Pour certains, cela peut se traduire par une accélération du rythme cardiaque, des sueurs froides et un sentiment d'oppression dans la poitrine. Pour d'autres, cela peut se manifester par une agitation mentale, des pensées négatives envahissantes et une incapacité à se concentrer. Certains peuvent ressentir une panique intense, conduisant à des crises de panique ou même à des attaques d'anxiété.

Ignorer la peur ou la refouler peut entraîner des conséquences néfastes sur notre bien-être mental et physique à long terme. Non résolue, elle a tendance à s'accumuler, et risque de se transformer en anxiété chronique, en dépression ou même en troubles de stress post-traumatique. Elle peut également affecter nos relations, notre travail et notre qualité de vie globale, en nous empêchant de saisir des opportunités et de réaliser notre plein potentiel. C'est pourquoi il est essentiel de reconnaître, comprendre et gérer activement nos peurs. En développant une conscience de nos déclencheurs de peur et des schémas de pensée associés, nous pouvons apprendre à les désamorcer avant qu'ils ne prennent le contrôle. Des techniques telles que la méditation de pleine conscience, la respiration consciente et la thérapie cognitive-comportementale peuvent nous aider à cultiver une réponse plus calme et plus réfléchie face à la peur.

En apprenant à gérer nos peurs, nous pouvons réduire notre niveau de stress, améliorer notre santé mentale et émotionnelle, et mener une vie plus équilibrée et épanouissante. Aborder les défis de la vie devient plus facile, tout comme prendre des décisions plus éclairées et embrasser le changement avec confiance et résilience. En fin de compte, la gestion de la peur nous permet de libérer notre plein potentiel et de vivre une existence plus authentique et plus enrichissante.

Les chiffres

Vaincre la peur de parler en public est un défi universel, comme le révèlent les statistiques de 2023[7]. **La glossophobie, ou la peur de s'exprimer devant un public, touche jusqu'à 90 % de la population, ce qui peut entraver les opportunités de croissance et de réussite.** Parmi les jeunes générations, jusqu'à 84 % des 18-34 ans admettent ressentir un niveau élevé de nervosité lorsqu'ils prennent la parole en public. De plus, **75 % de la population dans son ensemble avoue éprouver cette peur**.

Les femmes semblent être légèrement plus touchées que les hommes : 44 % d'entre elles reconnaissent une certaine appréhension lors de la prise de parole en public (contre 37 % de la gent masculine).

7- Source : « Prise de parole en public : statistiques 2023 », Sabine Vandebroek, 2023.

Les statistiques révèlent également des lueurs d'espoir. Les programmes de développement personnel et les techniques de gestion du stress ont pour ambition de transformer cette peur en confiance. En se concentrant sur la croissance personnelle et en adoptant des stratégies pour renforcer la confiance en soi, il est possible de surmonter cette peur. Bien que le chemin soit semé d'embûches, de nombreux témoignages illustrent que la persévérance et la pratique peuvent conduire à des avancées significatives. En fin de compte, ces chiffres ne définissent pas notre destinée ; **ce sont nos actions et notre détermination à surmonter nos peurs qui nous mènent vers le succès.**

« Grâce à la sophrologie, j'ai transformé la façon dont je me vois »

Bonjour, je m'appelle Jean, j'ai 55 ans, et pendant toute ma vie, j'ai été terrifié à l'idée de prendre la parole en public. Cette peur semblait ancrée au plus profond de moi, se manifestant chaque fois que l'occasion se présentait de m'exprimer devant un auditoire. Que ce soit lors de réunions professionnelles ou même pendant des rassemblements familiaux, la simple idée de parler devant des gens me remplissait d'angoisse.

La source de cette peur remonte à mon enfance. À l'école, j'étais souvent mal à l'aise lors des exposés, et j'avais l'impression d'être jugé pour ma manière de parler et pour mon accent. Ces expériences m'ont marqué et ont contribué à renforcer la peur de m'exprimer en public. Avec le temps, cette peur est devenue de plus en plus oppressante, me poussant à éviter les situations où je devais parler devant un groupe.

Ce cycle a persisté pendant des décennies, jusqu'à ce qu'un ami me parle de la sophrologie. Au début, j'étais sceptique. Comment des exercices de relaxation pourraient-ils m'aider à surmonter une peur si profondément ancrée ? Malgré mes doutes, j'étais désespéré de changer cette situation, alors j'ai décidé de donner une chance à cette méthode.

J'ai commencé à travailler avec une sophrologue recommandée par cet ami. Les premières sessions étaient axées sur des exercices de respiration et de détente musculaire, qui m'ont aidé à me sentir moins tendu. Progressivement, nous avons intégré des visualisations où je me voyais parler devant un auditoire, d'abord avec anxiété, puis avec de plus en plus de confiance. Ces séances m'ont lentement aidé à reconstruire mon estime de moi et à changer la perception négative que j'avais de mes capacités de communication.

Après plusieurs mois de pratique régulière, l'occasion s'est présentée de parler lors d'une réunion importante au travail. Pour la première fois, je me sentais équipé pour affronter ce défi. J'ai utilisé les techniques de respiration que j'avais apprises pour calmer mes nerfs juste avant de prendre la parole. À ma grande surprise, non seulement j'ai réussi à parler clairement et calmement, mais j'ai également réussi à engager mon audience.

Ce succès a été un moment décisif pour moi. Chaque expérience positive de prise de parole en public renforce ma confiance et diminue la peur qui m'avait tant paralysé. Grâce à la sophrologie, je n'ai pas seulement amélioré ma capacité à parler en public ; j'ai transformé la façon dont je me vois moi-même.

À 55 ans, je me sens enfin libéré de la peur qui m'a entravé toute ma vie. Je suis reconnaissant pour les outils que la sophrologie m'a donnés, des outils qui m'ont permis de m'exprimer et de trouver ma place dans le monde avec assurance. C'est un voyage de transformation qui continue de m'apporter paix et satisfaction personnelle.

La solution

Laissez-moi vous guider à travers un exercice qui vous aidera à surmonter vos peurs et à cultiver un sentiment de calme et de confiance intérieure. Dans ce monde rempli de défis et d'incertitudes, il est normal de ressentir de la peur de temps en temps. Mais il est également important de comprendre que nous avons le pouvoir de transformer cette peur en force et en résilience.

EXERCICE

1 /// **Installez-vous dans un endroit calme où vous pouvez être tranquille pendant quelques minutes.**

2 /// **Fermez les yeux et prenez quelques respirations profondes pour vous détendre.
Imaginez-vous dans une pièce calme et apaisante. Visualisez-vous assis(e) ou debout confortablement, en sécurité et en paix.**

3 /// **Maintenant, prenez conscience de votre respiration.
Sentez l'air entrer et sortir de vos poumons.
Ressentez chaque inhalation vous remplir de calme et chaque expiration libérer toutes les tensions et les soucis.**

4 /// Visualisez maintenant la source de votre peur. Imaginez-la comme une petite boule d'énergie sombre et dense dans votre esprit ou dans votre corps. Observez cette boule de peur avec détachement, sans jugement. Permettez-vous de ressentir toutes les émotions qui y sont associées, mais ne vous laissez pas submerger par elles.

5 /// Maintenant, imaginez une lumière chaude et brillante qui émane de votre cœur. Cette lumière représente votre courage, votre force intérieure et votre capacité à faire face à vos peurs.

6 /// Visualisez cette lumière se propager lentement à travers tout votre être, enveloppant la boule de peur dans sa douce chaleur. Voyez la peur se dissoudre peu à peu, remplacée par un sentiment de calme et de confiance.

7 /// Répétez plusieurs fois à voix haute ou intérieurement les affirmations suivantes : « Je suis courageux(se). Je suis fort(e). Je suis capable de faire face à mes peurs. »

8 /// Continuez à respirer profondément et à visualiser cette lumière intérieure vous envelopper de son réconfort et de sa protection.

9 /// Lorsque vous vous sentez prêt(e), ouvrez doucement les yeux et prenez quelques instants pour vous recentrer dans le moment présent.

Cet exercice de visualisation guidée peut être pratiqué régulièrement pour renforcer votre capacité à gérer la peur et à cultiver un état d'esprit plus positif et confiant.

CHAPITRE 7

VAINCRE LA PANIQUE

Maîtriser la panique et retrouver la sérénité

La panique est une réponse émotionnelle extrême qui se déclenche en réaction à des menaces perçues, réelles ou imaginées. Cet état peut surgir sans avertissement, entraînant une personne dans une spirale d'anxiété intense et de peur irrépressible. Les symptômes physiques qui accompagnent une crise de panique, tels que les palpitations cardiaques, la transpiration excessive, les tremblements ou même la sensation d'étouffement, sont non seulement perturbants mais aussi profondément déstabilisants. Ils créent une urgence interne qui semble incontrôlable, poussant l'individu à réagir comme s'il faisait face à un danger immédiat et vital.

Lorsqu'une personne expérimente des attaques de panique répétées, cela peut provoquer un trouble de panique, caractérisé par l'anxiété constante de subir une autre attaque, ainsi que par des modifications comportementales significatives visant à éviter des situations potentiellement déclencheuses. Les activités quotidiennes et sociales sont gravement impactées, de même que la qualité de vie.

Il est essentiel de vaincre la panique non seulement pour soulager les symptômes immédiats mais aussi pour empêcher le développement de peurs et d'évitement à long terme. Le premier pas vers la maîtrise de la panique implique souvent l'apprentissage et la mise en pratique de techniques de relaxation, telles que la méditation ou le yoga, qui aident à réguler le système nerveux et à diminuer l'intensité des réponses de panique. De plus, des exercices de respiration contrôlée, comme la respiration diaphragmatique, peuvent être particulièrement efficaces pour gérer les pics d'anxiété.

Pour ceux dont la panique est enracinée dans des pensées et des croyances irréalistes, une thérapie cognitive-comportementale (TCC) est conseillée. Cette forme de thérapie aide à identifier, défier et modifier les pensées catastrophiques qui déclenchent et exacerbent les crises de panique. En remplaçant ces pensées par des perspectives plus équilibrées et moins alarmantes, la fréquence et l'intensité de ces attaques sont significativement réduites.

En fin de compte, **vaincre la panique est une démarche qui exige du courage et de la persévérance, mais c'est une étape cruciale pour retrouver un sentiment de contrôle et de bien-être dans sa vie.** Avec les bonnes stratégies et un soutien adéquat, il est tout à fait possible de surmonter la panique et de mener une vie plus épanouie et moins entravée par la peur.

Les chiffres

Les attaques de panique sont un phénomène relativement fréquent, affectant près de **25 % de la population qui vivra au moins une attaque au cours de sa vie**[8]. Toutefois, parmi ces cas, 82 % ne débouchent pas sur un trouble panique chronique. Les femmes sont particulièrement vulnérables, représentant deux tiers des cas, comparativement aux hommes.

Le lien avec des problèmes d'alcool est également notable, un tiers des patients avec trouble panique ayant des troubles de l'utilisation de l'alcool.

Les crises de panique elles-mêmes sont généralement brèves, durant en moyenne 10 minutes, mais peuvent être extrêmement perturbantes.

8- Source : « Attaque de panique », inicea, 2018.

« J'ai utilisé la cohérence cardiaque et les petits succès sont arrivés »

Je m'appelle Marie, j'ai 37 ans, et pendant longtemps, prendre les transports en commun a été synonyme de véritable calvaire pour moi. Dès que je montais dans un bus ou un train, mon cœur commençait à battre la chamade, mes mains devenaient moites, et une sensation de terreur irrépressible m'envahissait. Ces crises de panique étaient si intenses que j'ai fini par éviter complètement les transports en commun, ce qui a limité ma liberté et compliqué ma vie professionnelle et sociale.

Tout a changé quand une amie m'a parlé de la cohérence cardiaque. J'étais sceptique au début, mais désespérée de reprendre le contrôle de ma vie, j'ai décidé de donner une chance à cette technique. J'ai appris à synchroniser ma respiration avec les battements de mon cœur, en utilisant une méthode simple : respirer profondément pendant cinq secondes, puis expirer pendant cinq secondes, et ce, pendant plusieurs minutes. Je pratiquais cet exercice trois fois par jour, religieusement.

Au bout de quelques semaines, j'ai commencé à ressentir une différence notable. Non seulement j'étais plus calme en général, mais je pouvais aussi gérer l'anxiété qui montait en moi lorsque je pensais aux transports. Encouragée par ces petits succès, j'ai tenté de prendre le bus pour un trajet court. À ma grande surprise, je me suis sentie beaucoup plus maîtresse de moi-même. Au lieu de céder à la panique, j'ai utilisé la cohérence cardiaque dès les premiers signes d'anxiété. Les symptômes ont commencé à s'atténuer, et j'ai pu continuer mon trajet.

Maintenant, plusieurs mois plus tard, je prends les transports en commun quotidiennement pour aller travailler. Bien sûr, il y a des jours où l'anxiété tente de reprendre le dessus, mais je me sens équipée pour y faire face. La cohérence cardiaque m'a non seulement aidée à surmonter mes attaques de panique, mais elle a aussi amélioré ma qualité de vie globale. Je me sens plus sereine et en contrôle, capable de faire face aux défis quotidiens avec une nouvelle résilience. Pour moi, découvrir cette technique a été une véritable révélation, une clé pour déverrouiller une partie de ma vie que je pensais perdue à jamais.

La solution

La cohérence cardiaque est une méthode simple et efficace pour aider à gérer l'anxiété et les crises de panique. Elle repose sur des exercices de respiration qui favorisent l'équilibre du système nerveux autonome, améliorant ainsi la gestion du stress et des émotions. Je vous propose un exercice simple que vous pouvez pratiquer pour atteindre la cohérence cardiaque et combattre les sensations de panique.

EXERCICE

1 /// TROUVEZ UN ENDROIT CALME

Asseyez-vous confortablement dans un endroit où vous ne serez pas dérangé. Cela peut être chez vous, dans un parc, ou même dans votre bureau. L'important est de pouvoir se concentrer sans interruption.

2 /// ADOPTEZ UNE RESPIRATION RYTHMÉE

Fermez les yeux pour vous concentrer et commencez à respirer lentement et profondément. Utilisez la respiration diaphragmatique, en veillant à ce que votre abdomen se soulève à l'inhalation et s'abaisse à l'expiration.

3 /// RYTHME DE RESPIRATION

Inspirez lentement par le nez pendant 5 secondes, puis expirez de manière contrôlée également par le nez pendant 5 secondes. Ce rythme de 10 secondes pour une respiration complète signifie que vous respirerez à un rythme de 6 respirations par minute.

4 /// CONCENTRATION

Concentrez-vous pleinement sur votre respiration, en imaginant peut-être un balancier ou en visualisant les chiffres de 1 à 5 à chaque inspiration et expiration pour maintenir un rythme régulier.

5 /// MAINTIEN DE LA PRATIQUE

Continuez ce rythme pendant 5 minutes. Il peut être utile de mettre une alarme douce ou une musique relaxante qui dure le temps de l'exercice pour ne pas avoir à regarder l'horloge.

Conseils supplémentaires

/// Pratiquer régulièrement cet exercice peut réduire significativement les symptômes de panique au fil du temps.

/// Il est bénéfique de réaliser cet exercice dans les moments de calme pour mieux préparer le corps à réagir sereinement lors des situations stressantes.

En intégrant cet exercice dans votre routine quotidienne, vous devriez progressivement ressentir une diminution de vos crises de panique et une amélioration de votre bien-être général. La cohérence cardiaque n'est pas seulement un outil pour gérer les moments de crise, mais aussi une pratique préventive qui renforce la résilience émotionnelle.

CHAPITRE 8

VAINCRE LA SENSATION D'ÊTRE RIDICULE

Clés pour vaincre la peur du ridicule et renforcer la confiance en soi

Vaincre la sensation de se sentir ridicule est essentiel pour améliorer la confiance en soi et minimiser le stress, particulièrement dans un monde où les interactions sociales et professionnelles peuvent souvent sembler être sous le microscope du jugement d'autrui. Cette peur du ridicule peut provenir de diverses sources, telles que des souvenirs d'embarras dans l'enfance, des critiques dures ou simplement une sensibilité accrue à la perception des autres. Cependant, il est crucial de réaliser que cette crainte est souvent amplifiée par notre propre esprit, qui tend à exagérer la portée et l'importance de nos fautes aux yeux d'autrui. La première étape pour surmonter ce sentiment est de reconsidérer et de rationaliser nos pensées. Il faut comprendre que chaque personne est préoccupée par ses propres défis et inquiétudes, et qu'en réalité, **les autres nous accordent beaucoup moins d'attention critique que nous le croyons.** Reconnaître cette vérité peut libérer une quantité significative de pression sociale perçue.

Ensuite, **adopter une approche graduelle et systématique pour s'exposer aux situations redoutées peut être très bénéfique**. Commencer par des interactions faibles en enjeux, comme participer à des conversations dans des groupes où vous vous sentez déjà relativement à l'aise, peut établir une fondation de confiance. Progressivement, en augmentant l'enjeu des situations – en prenant, par exemple, la parole lors de réunions ou en participant à des activités publiques – peut aider à construire une résilience et une habitude face à l'exposition sociale.

Parallèlement, il est vital de **cultiver l'auto-compassion**, par le biais des affirmations positives et des rappels que l'erreur est naturelle et universelle. Au lieu de se critiquer pour une gaffe ou une maladresse, **se traiter avec la même gentillesse et compréhension que l'on offrirait à un ami** modifie radicalement notre dialogue interne. Ce changement de perspective non seulement allège la peur du jugement mais encourage aussi une plus grande prise de risque et d'authenticité dans nos interactions.

Il est également utile de **pratiquer la bienveillance active envers soi-même** en cessant de viser la perfection. Accepter que l'on puisse être imparfait et que faire des erreurs ne nous rend pas ridicules mais humains peut diminuer considérablement les niveaux de stress et augmenter notre capacité à gérer les situations sociales avec aisance.

En intégrant ces stratégies, on réduit non seulement la peur d'être ridicule, mais, en parallèle, on ouvre également la voie à une vie plus épanouissante, authentique et moins contrainte par la peur du jugement.

Le ridicule ne tue pas

L'expression « le ridicule ne tue pas » trouve son origine dans les mentalités et les comportements sociaux qui, au fil des siècles, ont évolué concernant la notion de ridicule. Cette expression est devenue un adage populaire utilisé pour **rassurer et encourager quelqu'un qui craint d'être embarrassé ou moqué en public**. Le sens sous-jacent est qu'aucune conséquence fatale ne découle du fait d'être ridiculisée ; **cela ne devrait donc pas être une source de peur démesurée.**

Historiquement, cette expression semble émerger des contextes européens où la dignité et l'honneur avaient une grande importance sociale et où perdre la face pouvait entraîner de sérieuses répercussions sociales. Cependant, avec le temps, les sociétés occidentales ont graduellement adopté une vision plus libérale et indulgente de l'erreur et de l'embarras, reconnaissant que tout le monde peut avoir un moment de faiblesse ou commettre des erreurs sans que cela n'entraîne des conséquences graves.

L'adage « le ridicule ne tue pas » encourage à adopter une perspective plus large sur la vie sociale et ses inévitables gaffes ou moments d'embarras. En promouvant cette idée, on incite les individus à se libérer des chaînes de l'anxiété sociale et à embrasser la possibilité de l'échec comme une part normale de la vie humaine. Cette approche permet non seulement de réduire la peur du jugement, mais aussi d'encourager une plus grande authenticité et spontanéité dans les interactions sociales.

En effet, **quand on accepte que le ridicule ne mène pas à des conséquences irréversibles, on s'autorise à prendre des risques, à expérimenter et à apprendre de ses erreurs sans la paralysie que peut engendrer la peur d'être jugé.** Cela crée un environnement où les gens se sentent plus à l'aise pour être eux-mêmes, pour partager des idées, et pour participer pleinement aux échanges, sachant que leurs faux pas éventuels ne les définiront pas.

Cette philosophie de vie contribue à un climat de tolérance et de soutien mutuel où l'humour et l'auto-dérision peuvent devenir des outils de résilience sociale. Apprendre à rire de soi-même, comme Victoria Beckham, est un excellent moyen de désamorcer l'angoisse qui peut accompagner les moments de gêne et aide à construire des relations plus fortes et plus sincères.

Adopter l'idée que « le ridicule ne tue pas » est donc bénéfique non seulement pour les individus, qui peuvent développer une plus grande confiance en eux et une meilleure gestion de l'anxiété sociale, mais aussi pour les communautés qui profitent d'un environnement où la libre expression est valorisée et où la peur du jugement ne constitue pas un obstacle à la participation active. **En définitive, cette expression rappelle que nous sommes tous humains, imparfaits et en apprentissage constant, et que les faux pas sont naturels et ne devraient pas nous empêcher de vivre pleinement.**

« J'ai appris à rire de mes erreurs au lieu de les laisser me définir »

Je m'appelle Victoire, j'ai 50 ans, et si on m'avait dit qu'un jour je deviendrais une femme d'affaires accomplie dans un secteur totalement nouveau pour moi, je ne l'aurais jamais cru. Mon adolescence a été marquée par une série d'embarras et de moments où je me suis sentie profondément ridicule. Ces souvenirs, comme des ombres, m'ont suivie pendant des années, me recouvrant d'une chape de honte qui m'empêchait de prendre des risques ou de m'exprimer librement.

La peur du jugement était mon quotidien, jusqu'à ce que je découvre les concepts d'auto-compassion et d'auto-dérision. Apprendre à m'accorder de la gentillesse et à rire de moi-même a été une révélation. J'ai commencé par de petits exercices, me parlant à moi-même dans le miroir, me rappelant que je méritais autant de compassion que n'importe qui d'autre. L'auto-dérision est venue plus tard, au fur et à mesure que ma confiance grandissait. J'ai appris à rire de mes erreurs au lieu de les laisser me définir.

Cette transformation n'a pas été instantanée, mais chaque petit pas en avant renforçait ma résolution. Au fil du temps, cette nouvelle assurance m'a poussée à sortir de ma zone de confort. J'ai commencé à envisager des possibilités que je n'aurais jamais considérées auparavant, et finalement, à l'âge de 40 ans, j'ai plongé dans le monde de l'entrepreneuriat, un domaine où je n'avais aucune expérience préalable.

Les débuts ont été intimidants, mais armée de ma nouvelle philosophie, j'ai embrassé chaque défi avec une vigueur renouvelée. L'auto-compassion m'a permis de gérer les inévitables revers sans me laisser submerger par le découragement ou la honte. L'auto-dérision m'a aidée à maintenir un environnement de travail léger et résilient, même dans les moments difficiles. Aujourd'hui, je dirige une entreprise prospère et je suis reconnue pour mon leadership dynamique et mon approche innovante. La fille qui avait peur du ridicule est devenue une femme qui guide avec courage et humour. Mon voyage m'a enseigné que la honte ne doit pas être un frein, mais un tremplin vers la découverte de sa propre force et résilience.

La solution

L'exercice pour vaincre la peur d'être ridicule vise à renforcer votre bienveillance envers vous-même, vous aidant ainsi à accepter vos imperfections et à vous sentir plus à l'aise dans des situations potentiellement embarrassantes.

Je vous invite à écrire une lettre de compassion à vous-même, en restant pleinement engagé et conscient de vos pensées, émotions et sensations corporelles tout au long du processus. Cela aidera à approfondir l'effet thérapeutique de l'exercice et à renforcer la connexion avec vous-même.

EXERCICE

1 /// PRÉPARATION EN PLEINE CONSCIENCE

Avant de commencer à écrire, asseyez-vous confortablement dans un endroit calme. Fermez les yeux et prenez quelques minutes pour vous centrer. Respirez profondément et lentement, en vous concentrant uniquement sur votre respiration. Notez les sensations dans votre corps, les pensées qui traversent votre esprit, et les émotions présentes. Acceptez-les sans jugement.

2 /// RAPPEL DE LA SITUATION

En gardant cet état de pleine conscience, pensez à un moment récent où vous vous êtes senti(e) ridicule. Observez les émotions et les sensations qui émergent sans essayer de les modifier. Reconnaître et accepter ces sentiments fait partie de la pleine présence.

3 /// COMMENCEZ À ÉCRIRE EN ÉTAT DE PLEINE CONSCIENCE

Lorsque vous commencez à écrire la lettre, faites-le lentement, en prenant conscience de chaque mot que vous écrivez. Chaque fois que votre esprit s'éloigne de la tâche, doucement, ramenez votre attention à l'acte d'écrire et à la compassion que vous vous offrez.

4 /// EXPRIMEZ VOS ÉMOTIONS ET VOS SOUTIENS AVEC PLEINE PRÉSENCE

En écrivant sur vos émotions et en vous offrant du soutien, restez attentif à la façon dont votre corps réagit à ces mots. Vous pourriez ressentir un relâchement de la tension ou une chaleur émotionnelle. C'est la pleine présence en action, permettant une connexion plus profonde avec l'expérience.

5 /// INTÉGREZ DES AFFIRMATIONS DE PLEINE CONSCIENCE

À la fin de votre lettre, incluez des affirmations qui encouragent la pleine présence continue, telles que « Je m'engage à rester présent avec mes émotions sans jugement » ou « Je choisis de répondre à mes expériences avec attention et ouverture ».

6 /// CLÔTURE EN PLEINE CONSCIENCE

Une fois la lettre terminée, passez quelques minutes à respirer profondément, à vous recentrer sur le moment présent. Ressentez la solidité du sol sous vous, écoutez les sons autour de vous, et remarquez les odeurs. Cela aidera à ancrer les bénéfices de l'exercice dans votre quotidien.

7 /// PRATIQUE RÉGULIÈRE

La pleine présence s'améliore avec la pratique régulière. En réalisant cet exercice régulièrement, vous cultiverez une habitude de répondre avec compassion et présence à vos moments de doute et d'embarras, renforçant votre résilience et votre bien-être émotionnel.

CHAPITRE 9

VAINCRE LA COLÈRE

Transformer une émotion puissante en force positive

La colère est une émotion fondamentale, souvent mal comprise et généralement perçue comme négative, mais elle est en fait un signal d'alarme naturel qui nous informe que quelque chose dans notre environnement ne va pas ou que nos besoins personnels ne sont pas satisfaits. Elle survient pour de multiples raisons, allant des frustrations quotidiennes aux injustices profondes, et se manifeste à travers une variété de symptômes physiques et émotionnels tels que l'accélération du rythme cardiaque, la tension musculaire, l'irritabilité, ou un sentiment d'impuissance.

Au niveau biologique, la colère active le système nerveux sympathique, déclenchant une réaction de lutte ou de fuite qui était vitale pour la survie de nos ancêtres face aux menaces physiques. Dans le monde moderne, ces menaces sont souvent psychologiques ou émotionnelles, mais **la réaction physiologique reste la même**. Cette réaction peut devenir problématique lorsqu'elle est chronique ou disproportionnée par rapport à la situation, conduisant à une variété de problèmes de santé tels que l'hypertension, les maladies cardiaques, ou encore des troubles digestifs.

La colère non maîtrisée peut également ravager nos relations personnelles et professionnelles. Elle peut conduire à des paroles et des actions que nous regrettons plus tard, éroder la confiance et le respect entre individus, et créer un environnement toxique où la communication et la résolution de conflits sont entravées. Au travail, une colère mal gérée peut saboter la collaboration et réduire l'efficacité, tandis que dans le cercle familial, elle peut semer la discorde et influencer négativement le bien-être de chacun.

La gestion de la colère est donc essentielle pour maintenir une vie équilibrée et des relations saines. Cela commence par la reconnaissance des signes précurseurs de la colère et l'apprentissage de techniques pour moduler la réponse émotionnelle avant qu'elle ne devienne accablante. Des stratégies telles que la sophrologie, la respiration profonde, la méditation, ou la pratique de la pleine conscience aident à calmer l'esprit et le corps. La communication assertive permet également d'exprimer ses frustrations de manière saine et constructive, en évitant les confrontations destructrices et en travaillant vers des solutions mutuellement bénéfiques.

Apprendre à gérer sa colère n'est pas une tâche facile et nécessite parfois un profond travail sur soi, avec l'aide d'un professionnel. Cependant, **développer une meilleure compréhension de cette émotion et de ses déclencheurs, ainsi que des techniques pour la réguler, peut transformer radicalement la façon dont nous vivons et interagissons avec les autres.** En transformant notre approche de la colère, nous pouvons non seulement améliorer notre santé et nos relations, mais également créer un environnement plus positif et plus productif pour nous et pour ceux qui nous entourent.

Les chiffres

Dans un contexte social tendu marqué par des défis économiques et des troubles sociaux, l'enquête Fractures françaises de 2023[9] révèle une **augmentation significative de la colère et du sentiment de déclin parmi les Français. Près de la moitié des répondants (45 %, soit une hausse de 9 points en un an) se sentent membres d'une France en colère et contestataire**, tandis que 82 % perçoivent le pays en déclin, en augmentation de 7 points par rapport à l'année précédente. De plus, une majorité écrasante (91 %, en hausse de 2 points) considèrent vivre dans une société violente, et 88 % pensent que cette violence est en croissance.

9- Source : « Fractures françaises 2023 : tableau d'une France en colère », Ipsos, 2023.

« J'ai compris d'où venait ma colère et comment la canaliser de manière constructive »

Je m'appelle Théo, et j'ai toujours eu du mal à gérer ma colère. Que ce soit contre le monde et ses dérives, la société, mes parents, ma famille ou mes amis, il me semblait que chaque aspect de ma vie était une source de frustration. En tant qu'étudiant de 21 ans, cette colère constante me rendait profondément malheureux et isolé. De plus, l'exposition quotidienne aux réseaux sociaux et aux informations en ligne ne faisait qu'aggraver mon sentiment de colère et d'impuissance face aux injustices et aux crises mondiales, me plongeant souvent dans des spirales négatives.

Tout a changé le jour où j'ai décidé de consulter un thérapeute. Lors de notre première rencontre, il m'a parlé de la sophrologie. Je dois admettre que j'étais sceptique au début, n'ayant jamais envisagé une telle méthode pour gérer mes émotions. Malgré mes doutes, j'ai décidé de tenter l'expérience, poussé par un désir de soulagement.

Les séances de sophrologie ont commencé par des exercices simples de respiration et de relaxation, qui ont rapidement évolué vers des visualisations positives et des pratiques de conscience corporelle. Au début, les changements étaient subtils, mais après quelques séances, j'ai commencé à remarquer une différence significative dans ma manière de réagir aux situations. Les choses qui auparavant auraient déclenché une tempête en moi me perturbaient moins. J'ai commencé à ressentir un calme intérieur que je n'avais pas connu depuis longtemps.

Aujourd'hui, je me sens beaucoup plus épanoui. La sophrologie m'a non seulement aidé à gérer ma colère, mais elle m'a aussi appris à comprendre d'où elle venait et comment la canaliser de manière constructive. Je ne prétends pas que je ne me mets plus jamais en colère, mais je peux dire que je gère beaucoup mieux mes émotions. J'ai appris à prendre du recul, à ne pas laisser la colère contrôler ma vie. Cette méthode m'a transformé, améliorant mes relations et me permettant de retrouver la paix intérieure et la joie de vivre qui me manquaient tant. En apprenant à me déconnecter de l'agitation des réseaux sociaux et des infos en ligne quand nécessaire, je préserve ma sérénité et maintiens l'équilibre que j'ai difficilement acquis.

La solution

La sophrologie offre plusieurs techniques efficaces pour aider à gérer la colère et à retrouver un état de calme intérieur. Je vous propose un exercice simple que vous pouvez pratiquer lorsque vous sentez la colère monter, afin de la canaliser et de revenir à un état plus serein.

EXERCICE

1 /// TROUVEZ UN LIEU CALME

Assurez-vous d'être dans un endroit où vous ne serez pas dérangé. Asseyez-vous confortablement ou allongez-vous. Fermez les yeux pour éviter les distractions visuelles.

2 /// CONCENTRATION SUR LA RESPIRATION

Commencez par prendre conscience de votre respiration. Respirez lentement et profondément, en vous concentrant sur l'air qui entre et sort de vos poumons. Imaginez que chaque inspiration apporte calme et détente, et chaque expiration libère tension et colère.

3 /// RELAXATION DU CORPS

En respirant profondément, commencez à détendre chaque partie de votre corps. Visualisez la relaxation qui se propage des orteils à la tête, relâchant chaque muscle au passage. Ressentez la lourdeur agréable de votre corps détendu.

4 /// VISUALISATION POSITIVE

Imaginez un lieu, réel ou imaginaire, où vous vous êtes en sécurité et paisible. Visualisez-vous dans cet endroit, ressentant le calme et la sérénité environnants. Voyez les couleurs, sentez les odeurs, et écoutez les sons de ce lieu paisible.

5 /// TRANSFORMATION DE LA COLÈRE

Visualisez votre colère comme une couleur ou une forme spécifique. Imaginez-la se dissoudre ou se transformer en quelque chose de positif à chaque respiration. Par exemple, vous pourriez visualiser la colère comme une boule de feu qui devient plus petite à chaque expiration, ou qui se transforme en une douce lumière apaisante.

6 /// ANCRAGE

Pour terminer l'exercice, prenez trois grandes respirations, et à chaque expiration, sentez-vous plus ancré et présent. Ressentez la terre sous vous ou le support sur lequel vous êtes assis ou allongé.

7 /// RETOUR EN DOUCEUR

Lorsque vous êtes prêt(e), ouvrez doucement les yeux. Bougez lentement vos doigts et vos orteils, et étirez-vous si nécessaire. Prenez un moment pour décrire succinctement vos sensations après cet exercice.

Cet exercice de sophrologie peut être pratiqué régulièrement pour mieux gérer les moments de colère ou dès que vous sentez que la colère commence à monter. Avec le temps et la pratique, vous trouverez plus facile de gérer vos émotions et de rester calme dans des situations qui auraient auparavant provoqué de la colère.

CHAPITRE 10

VAINCRE LE SENTIMENT D'INJUSTICE

Vers un équilibre et une harmonie retrouvés

Le sentiment d'injustice, souvent enraciné dans la perception d'un déséquilibre entre ce que l'on pense mériter et ce que l'on reçoit, peut être profondément perturbant. Il surgit lorsque nous nous comparons aux autres ou lorsque nos attentes vis-à-vis de la vie, de la société ou même de nos relations personnelles ne sont pas satisfaites. **Cette émotion peut se manifester de diverses manières, notamment par de la frustration, de la colère ou du ressentiment, pouvant mener à un stress chronique et à un sentiment de victimisation qui empoisonne l'existence.** Les méfaits d'un tel état sont parfois vastes, altérant notre bien-être mental et physique, sabotant nos relations et nous empêchant de saisir les opportunités de peur d'être de nouveau confrontés à l'injustice. **Pour vaincre ce sentiment, il est essentiel d'apprendre à revoir nos attentes et à accepter que la vie ne se déroule pas toujours comme prévu.** Pratiquer l'acceptation et la gratitude peut aider à minimiser les perceptions d'injustice en reconnaissant et en appréciant ce que nous avons, plutôt que de nous attarder sur ce qui nous manque. **En fin de compte, se libérer du fardeau de l'injustice permet non seulement de réduire le stress mais aussi de retrouver une vie plus équilibrée et plus heureuse.**

Les chiffres

Le sentiment d'injustice est ressenti de manière accablante en France, où **71 % des citoyens perçoivent une augmentation des injustices**, selon un sondage exclusif réalisé par l'Ifop pour le Conseil national des barreaux[10]. **Ce sentiment est particulièrement prononcé dans les banlieues où 57 % des résidents constatent une régression de la justice.** Au classement des injustices les plus intolérables, la précarité alimentaire se détache avec **67 % des sondés trouvant inacceptable de ne pas pouvoir nourrir convenablement ses enfants, elle est suivie par la discrimination basée sur l'origine, la couleur de peau, l'orientation sexuelle, ou la situation sociale, citée par 52 %. La perception de l'injustice varie aussi selon le sexe, touchant davantage les femmes (64 %) que les hommes (55 %)**, et est intensément **ressentie par les classes moins aisées, avec 79 %** des ménages à faible revenu exprimant ce sentiment, contre 44 % chez les plus aisés.

10- « IN/JUSTICE : les avocats au cœur du débat public en prévision de l'élection présidentielle », Conseil National des Barreaux (CNB), 2021.

« La tenue quotidienne de mon journal de gratitude m'a ouvert les yeux »

Je m'appelle Kate, j'ai 57 ans, et cela fait maintenant 30 ans que je travaille en tant qu'assistante dans la même multinationale. Au fil des années, j'ai éprouvé un sentiment croissant d'injustice qui pesait lourd sur mon moral et ma motivation. Je sentais que la reconnaissance de mon travail par la direction était insuffisante, tant en termes d'attention que de rémunération, surtout lorsque je comparais mon investissement et ma contribution à ceux de mes collègues. Cette situation m'a longtemps semblé injuste et m'a fait beaucoup souffrir.

Ma frustration s'est accumulée jusqu'au jour où une amie, voyant l'impact négatif de cette situation sur mon bien-être, m'a conseillé de pratiquer l'acceptation et la gratitude. Elle m'a aidée à réaliser que focaliser sur ce sentiment d'injustice ne faisait qu'alimenter mon mécontentement et ma colère. J'ai donc commencé à intégrer dans mon quotidien des exercices de méditation axés sur l'acceptation des choses que je ne pouvais changer et la gratitude pour les aspects positifs de ma vie.

Progressivement, j'ai appris à apprécier ce que j'avais : un emploi stable, des collègues qui me respectaient, et une certaine flexibilité dans mon travail. J'ai commencé à tenir un journal de gratitude, notant chaque jour trois choses pour lesquelles j'étais reconnaissante. Cette pratique m'a ouvert les yeux sur les nombreuses bénédictions dissimulées dans ma vie quotidienne, réduisant ainsi le poids de l'injustice que je ressentais.

Ce changement de perspective ne s'est pas produit du jour au lendemain, mais avec le temps, j'ai remarqué une amélioration significative de mon état d'esprit. Je suis devenue plus sereine et plus heureuse. Je me suis rendu compte que l'acceptation et la gratitude ne signifiaient pas renoncer ou accepter l'inacceptable, mais plutôt apprendre à trouver la paix intérieure malgré les imperfections de la vie. Grâce à ces changements, j'ai pu reprendre le contrôle de mon bien-être émotionnel et retrouver une joie de vivre qui me manquait depuis longtemps.

La solution

Pour surmonter le sentiment d'injustice et favoriser un état d'esprit plus serein, je vous propose un exercice combinant la méditation à des pratiques d'acceptation et de gratitude. Voici un exercice structuré que vous pouvez intégrer à votre routine quotidienne pour vous aider à gérer et à réduire le sentiment d'injustice.

EXERCICE

/// MATÉRIEL NÉCESSAIRE

- **Un journal de gratitude ou un beau cahier que vous aimez**
- **Un stylo**
- **Un espace calme et confortable pour la méditation**

1 /// PRÉPARATION

- **Trouvez un endroit calme où vous ne serez pas dérangé.**
- **Asseyez-vous confortablement, fermez les yeux et prenez quelques instants pour vous détendre.**

2 /// MÉDITATION DE RESPIRATION

- **Commencez par concentrer votre attention sur votre respiration.**
- **Inspirez profondément par le nez, retenez votre respiration quelques secondes, puis expirez lentement par la bouche.**
- **Répétez ce processus pendant 5 minutes, en vous concentrant uniquement sur le rythme de votre respiration et en laissant de côté toutes autres pensées.**

3 /// MÉDITATION D'ACCEPTATION

- **Après la relaxation initiale, commencez à réfléchir calmement à une situation récente où vous avez ressenti une injustice.**

- Observez cette pensée sans jugement et sans interaction, comme si vous étiez un spectateur extérieur.
- Dites-vous mentalement : « J'accepte cette situation telle qu'elle est, je ne peux pas changer le passé, mais je peux choisir comment je réagis et avance. »

4 /// PRATIQUE DE LA GRATITUDE

- Pensez à trois choses dans votre vie pour lesquelles vous êtes reconnaissant(e), malgré les injustices que vous pourriez ressentir.
- Ressentez véritablement la gratitude pour ces éléments, permettez à ce sentiment d'envahir votre esprit et votre corps.

5 /// JOURNAL DE GRATITUDE

- Ouvrez les yeux et prenez votre journal de gratitude.
- Notez les trois choses pour lesquelles vous avez ressenti de la gratitude durant votre méditation.
- Écrivez également comment vous pouvez aborder la situation d'injustice d'une manière qui vous apporte la paix ou une résolution.

6 /// CLÔTURE

- Terminez votre session par quelques respirations profondes, en vous engageant à porter cette acceptation et cette gratitude avec vous tout au long de la journée.
- Répétez cet exercice quotidiennement pour renforcer votre capacité à gérer les sentiments d'injustice et à cultiver un état d'esprit positif.

Cet exercice de méditation, d'acceptation et de gratitude aide non seulement à alléger le sentiment d'injustice mais favorise également une approche plus équilibrée et positive de la vie, transformant les défis émotionnels en opportunités de croissance personnelle.

CHAPITRE 11

ENVIE D'AVOIR CONFIANCE

Avoir confiance en soi est une quête à la fois intime et universelle, essentielle pour naviguer dans les complexités de la vie moderne avec grâce et assurance. Cette confiance s'ancre profondément dans notre façon de percevoir nos propres capacités et notre valeur personnelle. Elle influence chaque aspect de notre existence, des interactions sociales aux décisions professionnelles, en passant par notre capacité à relever les défis personnels.

Lorsque nous manquons de confiance en nous, chaque petit obstacle peut sembler insurmontable, chaque échec, une confirmation de nos peurs les plus profondes. En revanche, une solide confiance en soi transforme notre perspective : les défis deviennent des tremplins pour la croissance, et les échecs, des leçons précieuses plutôt que des verdicts sur notre valeur. **C'est dans cette transformation de perspective que réside le pouvoir véritable de la confiance en soi.**

En développant une confiance authentique en nos propres capacités, nous commençons également à minimiser l'impact du stress quotidien. Les situations qui auparavant auraient déclenché de l'anxiété ou de la peur perdent de leur charge négative. Nous apprenons à aborder la vie avec un sentiment de compétence et de sécurité intérieure, ce qui diminue naturellement les niveaux de stress et augmente notre bien-être général.

La méthode que je propose dans ce livre est conçue pour vous aider à construire et à maintenir cette confiance essentielle. Elle intègre des techniques validées scientifiquement, comme la visualisation positive, la méditation de pleine conscience, et des exercices de réflexion introspective, qui ensemble, travaillent à renforcer votre estime de soi. **Ces pratiques vous aident à réaligner vos pensées avec vos valeurs intrinsèques, favorisant une image de soi plus positive et résiliente.**

En fin de compte, cultiver la confiance en soi n'est pas juste une démarche personnelle ; c'est un voyage transformateur qui enrichit chaque dimension de votre vie, vous rendant plus libre d'agir selon vos convictions et de vivre selon vos termes. C'est cette liberté qui apporte la paix intérieure, réduit le stress et vous permet de vivre pleinement. **Ce livre est votre guide sur ce chemin vers une confiance renouvelée et une vie moins stressée.**

« Cette nouvelle confiance en moi a commencé à infuser tous les aspects de ma vie »

Il y a sept ans, j'ai entamé un voyage qui allait transformer ma vie de manière profonde et durable. À 39 ans, après des années de doute et d'insatisfaction personnelle, je me suis dit « Julie, il est temps de changer, de cultiver la confiance stockée en toi que tu as tant négligée ». Ce processus n'a pas été simple, mais il a été incroyablement enrichissant.

Au début, les obstacles m'étaient insurmontables, chaque petite tâche me semblait une montagne. Mais petit à petit, en m'engageant dans des activités qui renforçaient ma perception de moi-même – des séances de sophrologie, du yoga, de la méditation –, j'ai commencé à voir des changements. J'ai appris à reconnaître mes forces, à accepter mes faiblesses sans jugement et à célébrer les petites victoires chaque jour.

Au fil du temps, cette nouvelle confiance en moi a commencé à infuser tous les aspects de ma vie. La liberté acquise grâce à ce changement d'attitude a redéfini chaque aspect de mon existence, devenant un pilier central de ma vie. Cette liberté ne se limite pas à la capacité de faire des choix ou d'agir sans contrainte ; elle représente plutôt une profonde transformation intérieure qui me permet de vivre en harmonie avec mes valeurs et mes désirs les plus sincères.

Avant cette métamorphose, je me sentais souvent prisonnière des attentes des autres, de la société, et même des normes que je m'étais imposées. Je naviguais à travers la vie en suivant des chemins tracés par d'autres, rarement par choix personnel et souvent par peur du jugement. Mais en renforçant ma confiance, j'ai commencé à écouter ma propre voix intérieure, celle qui me guide vers ce qui est réellement important pour moi. Cela m'a permis de prendre des décisions qui reflètent vraiment qui je suis, plutôt que de chercher à plaire ou à répondre aux attentes externes.

Cette autonomie m'a également aidée à définir mes propres standards de réussite. Au lieu de mesurer mon succès par des barèmes externes, comme le statut ou la richesse, je le mesure désormais par ma capacité à rester fidèle à moi-même et à mes principes. Chaque choix conscient que je fais en faveur de mon bien-être et de mes convictions renforce ce sentiment de liberté.

Sur le plan relationnel, cette liberté s'est traduite par des interactions plus authentiques et significatives. En étant vraie avec moi-même, je suis devenue plus transparente avec les autres, ce qui a favorisé des relations plus profondes et plus durables. Mes amis et ma famille ressentent cette authenticité, ce qui enrichit nos échanges et renforce nos liens.

Enfin, cette liberté m'a permis d'embrasser pleinement la vie, avec ses hauts et ses bas, sans me sentir submergée par le stress ou l'anxiété. Je vis chaque journée avec une nouvelle résilience, sachant que je suis capable de faire face aux défis et de saisir les opportunités qui se présentent. La paix intérieure que j'ai trouvée est le véritable témoignage de la liberté acquise ; une paix qui vient non seulement de ce que j'ai accompli, mais surtout de qui je suis devenue en cours de route.

20 CHOSES
que vous pouvez enfin faire lorsque vous gagnez confiance en vous

1- Postuler à votre emploi de rêve.
2- Prendre la parole en public sans crainte.
3- Voyager seul.
4- Exprimer vos opinions ouvertement.
5- Dire non sans culpabilité.
6- Demander une augmentation ou une promotion.
7- Lancer votre propre entreprise (je l'ai fait deux fois et vous savez ce que l'on dit...).
8- Pratiquer des sports ou des activités que vous évitiez (je me suis inscrite au semi-marathon).
9- Suivre des choix de vie importants, indépendamment des attentes familiales.
10- Publier vos écrits (c'est grâce à la confiance gagnée que vous lisez ce livre).
11- Assumer pleinement votre identité et vos choix de vie.
12- Proposer des critiques constructives au travail.
13- Réapprendre à faire confiance après avoir été blessé.
14- Oser demander de l'aide quand c'est nécessaire.
15- Accepter des rôles de leadership ou de mentorat.
16- Changer de carrière si l'actuelle ne vous satisfait plus.
17- Participer à des activités en solo, comme aller au cinéma ou dîner seul.
18- Participer à des cours qui vous ont toujours intimidé.
19- Définir et maintenir vos limites personnelles et professionnelles.
20- Adopter une attitude positive face aux échecs et aux rejets.

La solution

Je vous propose un exercice combinant méditation en pleine conscience et techniques de sophrologie, que je pratique régulièrement pour renforcer la confiance en moi. Cet exercice peut vous aider à vous recentrer, à réduire le stress et à cultiver une présence plus assurée au quotidien.

EXERCICE

1 /// PRÉPARATION

- Choisissez un endroit calme où vous ne serez pas dérangé.
- Assurez-vous de porter des vêtements confortables et de vous installer dans une position relaxante, que ce soit assis sur une chaise, un coussin, ou allongé.

2 /// CENTRAGE ET RESPIRATION

- Fermez les yeux pour minimiser les distractions externes.
- Respirez lentement et profondément par le nez, en vous concentrant sur la sensation de l'air entrant et sortant. Comptez jusqu'à quatre en inspirant, puis retenez votre respiration pendant quatre secondes, et expirez lentement sur un compte de quatre.
- Répétez ce cycle de respiration plusieurs fois pour vous aider à vous détendre et à vous centrer.

3 /// RELAXATION CORPORELLE

- Parcourez mentalement votre corps en portant attention à chaque partie, de la tête aux pieds. À chaque expiration, imaginez que vous relâchez les tensions dans chaque partie de votre corps.
- Visualisez chaque muscle se détendant progressivement, depuis les muscles de votre visage jusqu'à ceux de vos pieds.

4 /// VISUALISATION POSITIVE

Création d'un espace sûr

- Imaginez un lieu où vous vous sentez complètement à l'aise et en sécurité. Ce peut être un endroit réel que vous adorez ou un lieu imaginaire qui symbolise la paix et la confiance.
- Visualisez les détails de cet endroit, les couleurs, les sons, les textures. Peut-être entendez-vous le bruit des vagues, sentez-vous une brise légère, ou voyez-vous un paysage verdoyant et apaisant.
- Ressentez l'atmosphère de calme et de sécurité envelopper votre corps et votre esprit, renforçant votre sentiment d'assurance.

Visualisation de la réussite

- Pensez à une situation spécifique où vous souhaitez exceller ou vous sentir plus confiant. Cela pourrait être une présentation importante au travail, une conversation difficile, ou même une performance devant un public.
- Imaginez-vous dans cette situation en train de réussir avec aisance. Visualisez-vous en parlant clairement, agissant de manière compétente et recevant des réactions positives de la part des autres.
- Observez les expressions de votre visage dans cette visualisation ; vous êtes calme, sûr de vous, et totalement en contrôle. Notez la posture de votre corps, droite et ouverte, symbolisant la confiance.

Utilisation d'affirmations positives

- Pour renforcer l'impact de votre visualisation, intégrez des affirmations qui résonnent avec vos valeurs et vos objectifs. Répétez-les mentalement avec conviction.
- Choisissez des affirmations comme « Je suis compétent(e) et sûr(e) de moi », « Je réussis tout ce que j'entreprends », ou « Je suis valorisé(e) et respecté(e) dans mon travail ».
- Sentez chaque mot pénétrer votre conscience, solidifiant votre croyance en votre propre valeur et compétence.

Émotionnellement engagé

- Il est important que cette visualisation ne soit pas seulement une série d'images, mais qu'elle soit chargée émotionnellement. Ressentez la joie, la fierté, et l'excitation associées à vos succès.

- Laissez ces émotions positives inonder votre être, remplaçant les doutes et les peurs par un sentiment de puissance et d'accomplissement.

Visualisation prolongée

- Passez plusieurs minutes dans cet état de visualisation, permettant à chaque détail de s'imprimer profondément dans votre mémoire émotionnelle.
- Plus vous pratiquez cette visualisation, plus elle deviendra réaliste et convaincante, contribuant à un sentiment durable de confiance en vous.

5 /// ANCRAGE

- Choisissez un mot ou un geste qui représentera cette sensation de confiance. Chaque fois que vous ressentez le besoin de renforcer votre confiance, vous pourrez utiliser ce mot ou ce geste pour rappeler la sensation de confiance que vous avez cultivée pendant cette méditation (personnellement, je me pince légèrement le lobe de l'oreille droite).
- Respirez profondément et répétez mentalement votre mot ou effectuez votre geste d'ancrage.

6 /// RETOUR À LA CONSCIENCE ET INTÉGRATION

- Prenez quelques respirations profondes et commencez à bouger doucement vos doigts et vos orteils, en vous réveillant lentement de votre méditation.
- Ouvrez les yeux quand vous vous sentez prêt(e), en conservant la sensation de confiance et de calme intérieur.

PRATIQUE RÉGULIÈRE

Pour maximiser les bénéfices, engagez-vous à pratiquer cet exercice régulièrement, idéalement tous les jours. Chaque session renforcera votre sentiment de confiance et vous aidera à gérer plus efficacement le stress et les défis quotidiens.

CHAPITRE 12

ENVIE D'OSER PRENDRE DES RISQUES

Libération et croissance dans l'étreinte de l'incertitude

Prendre des risques est souvent perçu comme une démarche intimidante, principalement parce qu'elle confronte directement l'incertitude et la possibilité de l'échec. Cependant, dans le contexte de la gestion du stress et de la croissance personnelle, **oser s'aventurer hors des sentiers battus peut s'avérer extrêmement bénéfique**. Cela nous amène à **réévaluer nos limites perçues et à repousser les frontières de notre zone de confort**. Ce faisant, nous nous exposons à de nouvelles expériences et opportunités qui peuvent radicalement enrichir notre vie.

La prise de risque nous oblige à mobiliser nos ressources internes, telles que la créativité, la détermination et la persévérance, ce qui renforce notre sentiment d'auto-efficacité. Chaque fois que nous faisons face à un risque et que nous en sortons indemnes – ou mieux encore, victorieux – notre confiance en nos propres capacités s'accroît. Cela crée un cycle vertueux où chaque succès renforce le courage nécessaire pour relever le prochain défi. **Même en cas d'échec, les leçons apprises sont précieuses et contribuent à une meilleure préparation pour l'avenir, atténuant ainsi les réponses de stress face à des situations similaires.**

En outre, la prise de risque apporte une vitalité et une excitation qui peuvent contrer les effets stagnants de la routine quotidienne, souvent associée à

l'augmentation du stress. En brisant la monotonie, nous nous ouvrons à des moments de joie et d'épanouissement qui peuvent alléger considérablement notre charge mentale. L'aventure que représente la prise de risque peut également améliorer notre humeur et notre bien-être global, réduisant les sentiments d'ennui et d'insatisfaction alimentés par le stress.
Finalement, prendre des risques nous enseigne une leçon fondamentale sur l'acceptation et la gestion de l'incertitude, un aspect inévitable de la vie. **En devenant plus à l'aise avec l'idée que non tout n'est pas prévisible ou contrôlable, nous apprenons à mieux vivre avec l'incertitude quotidienne.** Cette acceptation peut réduire significativement le stress, car elle diminue notre besoin de contrôle et notre tendance à nous inquiéter pour l'avenir.
Ainsi, bien que la prise de risques puisse sembler contre-intuitive pour la réduction du stress, elle est en fait une stratégie puissante pour bâtir une résilience durable, enrichir notre expérience de vie et nous ouvrir à un monde de possibilités. **Oser prendre des risques, c'est choisir de vivre pleinement, en acceptant et en embrassant toutes les facettes de l'existence humaine.**

20 RISQUES
qui valent la peine d'être pris

1- Changer de carrière pour suivre votre passion.
2- Déménager dans une nouvelle ville ou un nouveau pays (la Californie).
3- Lancer votre propre entreprise.
4- Reprendre vos études ou suivre des cours dans un domaine qui vous intéresse.
5- Voyager seul vers des destinations peu communes.
6- Exprimer ouvertement vos sentiments à quelqu'un.
7- Demander une promotion ou une augmentation.
8- Participer à un concours ou à une compétition.
9- Essayer un sport extrême comme le saut en parachute ou le parapente.
10- Adopter un style de vie totalement différent.
11- Débuter une nouvelle relation même si cela vous semble intimidant.
12- Dire non à des demandes qui ne correspondent pas à vos besoins ou valeurs.
13- Rejoindre ou prendre la parole lors de manifestations pour des causes qui vous tiennent à cœur.
14- Réaliser un investissement immobilier.

15- Apprendre et pratiquer un art comme la peinture, le théâtre ou la danse.
16- Se faire tatouer, si cela est quelque chose que vous avez toujours voulu essayer.
17- Prendre une année sabbatique pour voyager ou poursuivre un projet personnel.
18- S'engager dans des projets de bénévolat à long terme ou des missions humanitaires.
19- Participer à des activités sociales nouvelles pour vous, comme des clubs de lecture (le Book Club Françoise est paraît-il dément !) ou des groupes de randonnée.
20- Se lancer dans des projets artistiques tels que réaliser un film ou écrire un livre.

La solution

Voici un exercice de visualisation que j'ai conçu pour vous aider à oser prendre des risques, en renforçant votre courage et en réduisant l'anxiété associée à l'incertitude. Cet exercice peut être pratiqué régulièrement pour cultiver un état d'esprit plus audacieux.

EXERCICE

1 /// PRÉPARATION

- Choisissez un endroit calme où vous ne serez pas dérangé.
- Asseyez-vous confortablement ou allongez-vous, assurez-vous d'être détendu et de ne pas être interrompu pendant l'exercice.
- Fermez les yeux et concentrez-vous sur votre respiration.

2 /// RELAXATION

- Respiration profonde : commencez par prendre quelques respirations profondes, inspirez lentement par le nez, gardez l'air quelques secondes et expirez lentement par la bouche. Concentrez-vous sur le son et la sensation de votre respiration.
- Relâchement des tensions : en expirant, imaginez que chaque partie de votre corps se détend. Visualisez la tension qui quitte chaque groupe de muscles, des pieds à la tête.

3 /// VISUALISATION DE LA CONFIANCE

- Visualisez un moment de réussite : pensez à un moment passé où vous avez pris un risque et réussi. Revivez cette expérience, voyez ce que vous avez vu, entendez ce que vous avez entendu et ressentez les émotions associées à cette réussite.
- Amplifiez les sensations : essayez d'intensifier les sensations de confiance et de succès. Notez comment votre corps se sent lorsqu'il est plein de confiance. Est-il léger ? Chaud ? Énergique ? Gardez ces sensations présentes et laissez-les se renforcer.

4 /// VISUALISATION D'UN NOUVEAU RISQUE

- Imaginez un nouveau défi : pensez à un risque que vous aimeriez prendre mais que vous n'avez pas encore osé aborder. Visualisez-vous en train de prendre ce risque. Imaginez la scène dans les moindres détails – où vous êtes, qui est présent, ce que vous faites.
- Projetez-vous vers la réussite : voyez-vous réussir dans cette nouvelle entreprise. Imaginez les étapes que vous prenez et les réactions positives autour de vous. Ressentez la joie et l'accomplissement que vous éprouvez en réussissant.

5 /// ANCRAGE

- Créez un ancrage émotionnel : choisissez un mot, une phrase, ou un geste physique que vous associerez à cette sensation de confiance et de succès. Par exemple, vous pourriez serrer le poing ou vous dire « Je suis courageux ».
- Utilisez cet ancrage : chaque fois que vous avez besoin de rappeler cette sensation de confiance, utilisez votre ancrage. Cela aidera à renforcer votre courage et à vous préparer mentalement à prendre des risques.

6 /// RETOUR À LA RÉALITÉ

- Revenez lentement : lorsque vous vous sentez prêt(e), ramenez votre attention sur votre respiration, puis prenez conscience de votre environnement. Bougez doucement vos doigts et vos orteils, et ouvrez les yeux quand vous le souhaitez.

Cet exercice de visualisation peut être une pratique puissante pour développer votre capacité à prendre des risques de manière réfléchie et confiante. En le pratiquant régulièrement, vous pourriez constater une augmentation de votre confiance en vous et une réduction de l'anxiété face à l'inconnu.

CHAPITRE 13

ENVIE D'ENTREPRENDRE

Transformer le stress en succès

L'envie d'entreprendre est animée par un désir profond de créer, d'innover et de diriger. Cette aspiration est un moteur puissant qui peut mener à des réalisations extraordinaires, mais elle s'accompagne également d'une inévitable part de stress. **Pour les entrepreneurs, le stress ne se limite pas à la gestion quotidienne des affaires ; il englobe également les incertitudes du marché, les attentes des investisseurs, les responsabilités envers les employés, et la pression constante pour rester compétitif et innovant**. Toutefois, en adoptant une approche proactive de la gestion du stress, les entrepreneurs peuvent non seulement surmonter ces défis, mais aussi les utiliser comme leviers pour leur croissance personnelle et professionnelle.

La gestion du stress dans l'entrepreneuriat commence par la reconnaissance et l'acceptation que l'incertitude fait partie intégrante de l'aventure. Accepter cela permet de réduire l'anxiété liée à l'indétermination et aux risques. Ensuite, développer une résilience émotionnelle est essentiel. Cela peut être cultivé à travers des pratiques de pleine conscience, qui aident à maintenir une clarté d'esprit et une capacité de décision même sous pression. La méditation ou simplement des périodes régulières de réflexion peuvent être des outils précieux pour maintenir un état mental équilibré.

De plus, l'exercice physique – comme la course à pied, la boxe, le vélo... – est un exutoire fantastique pour les tensions accumulées. Non seulement il améliore la santé physique, mais il a aussi un effet bénéfique prouvé sur la santé mentale, réduisant les symptômes de dépression et d'anxiété et augmentant l'énergie et la clarté mentale. Pour un entrepreneur, maintenir une routine d'exercice régulière est crucial pour gérer le stress et augmenter la productivité.

Planifier stratégiquement est également vital. Cela inclut la définition claire des objectifs à court et à long terme, ainsi que la mise en place de systèmes pour surveiller les progrès et ajuster les plans au besoin. **Une planification efficace peut diminuer la sensation d'être débordé et aider à garder le contrôle sur la direction de l'entreprise**.

Enfin, **il est crucial pour les entrepreneurs de cultiver un réseau de soutien.** Cela peut impliquer des mentors, des conseillers, ou même des groupes de pairs qui comprennent les défis uniques de l'entrepreneuriat. Partager des expériences et des solutions avec d'autres personnes qui traversent des situations similaires aide à fournir non seulement des stratégies pratiques mais apporte également un important soutien émotionnel.

Ainsi, bien que l'entrepreneuriat puisse être une source de stress significative, en adoptant des stratégies de gestion du stress et en se préparant à naviguer dans l'incertitude, les entrepreneurs peuvent non seulement survivre mais prospérer. Ils transforment leurs défis en opportunités, conduisant à une croissance personnelle et professionnelle tout en jouissant du voyage entrepreneurial avec un esprit plus libre et plus fort.

20 BONNES RAISONS d'entreprendre

1- Autonomie professionnelle : avoir le contrôle complet sur vos décisions professionnelles.
2- Flexibilité : définir vos propres horaires et conditions de travail.
3- Poursuite de la passion : transformer une passion ou un hobby en carrière.
4- Innovation : apporter de nouvelles idées et produits sur le marché.
5- Impact social : contribuer à la société en créant des emplois et en soutenant des causes sociales.
6- Développement personnel : développer des compétences et une résilience personnelle.
7- Création de valeur : construire quelque chose de tangible et de durable.
8- Apprentissage continu : être constamment stimulé et apprendre de nouvelles choses.
9- Leadership : diriger une équipe et influencer son environnement de travail.
10- Satisfaction personnelle : réaliser un rêve de longue date.
11- Contrôle de votre destinée : être le maître de votre avenir professionnel.
12- Challenge : relever des défis et trouver des solutions créatives.
13- Équilibre vie professionnelle/vie privée : intégrer le travail dans votre vie personnelle selon vos termes.
14- Adaptabilité : répondre rapidement aux changements du marché.
15- Réalisation de soi : voir les fruits de votre travail et de votre vision.
16- Développement économique : contribuer à l'économie locale et globale.
17- Culture d'entreprise : créer un environnement de travail qui reflète vos valeurs.
18- Amélioration des compétences en gestion : devenir un meilleur gestionnaire et décideur.
19- Influence : avoir un impact direct sur votre industrie.
20- Personnalisation : offrir des produits ou services qui répondent exactement aux besoins de vos clients.

La solution

Voici un exercice de méditation que j'ai conçu pour stimuler votre envie d'entreprendre, en vous aidant à visualiser votre succès futur et à renforcer votre motivation intérieure.

Cet exercice vous permettra de clarifier vos objectifs entrepreneuriaux et de cultiver une attitude positive face aux défis à venir.

EXERCICE

1 /// PRÉPARATION

- **Trouvez un endroit calme où vous ne serez pas dérangé pendant environ 15 à 20 minutes.**
- **Assurez-vous d'être confortablement installé(e), soit assis(e) en position de lotus ou sur une chaise, les pieds bien à plat sur le sol et les mains reposant sur les cuisses ou les genoux.**

2 /// DÉTENTE ET CONCENTRATION

- **Respiration consciente : fermez les yeux et commencez par prendre conscience de votre respiration. Inspirez profondément par le nez, retenez votre souffle pendant quelques secondes, puis expirez lentement par la bouche. Répétez ce cycle de respiration trois à cinq fois pour vous aider à détendre votre corps et votre esprit.**
- **Relâchement des tensions : à chaque expiration, imaginez que vous libérez les tensions accumulées dans différentes parties de votre corps. Commencez par les pieds et remontez progressivement jusqu'à la tête, en vous concentrant sur chaque région pour un relâchement complet.**

3 /// VISUALISATION

- **Imaginez votre entreprise idéale : visualisez clairement dans votre esprit l'entreprise que vous souhaitez créer. Que vend-elle ? Qui sont ses clients ? Quelle est son atmosphère ? Imaginez-vous** marchant dans les locaux de votre entreprise, ressentant une profonde satisfaction pour ce que vous avez construit.

- Visualisez le succès : pensez aux divers aspects de votre entreprise fonctionnant parfaitement. Visualisez des clients satisfaits, des revenus croissants, et une équipe motivée et heureuse. Ressentez l'excitation et la fierté associées à ces réussites.
- Rencontrez les défis : imaginez également faire face à un défi spécifique lié à votre entreprise. Voyez-vous analyser le problème calmement et trouver une solution créative. Ressentez la confiance en votre capacité à surmonter les obstacles.

4 /// AFFIRMATIONS

- Renforcez votre intention : pour chaque vision de succès, associez une affirmation positive. Par exemple, « Je suis un leader capable et inspirant », « Je crée des solutions innovantes qui bénéficient à mes clients », ou « Je surmonte les défis avec intelligence et résilience ».
- Répétez vos affirmations : silencieusement, reproduisez les phrases positives tout en continuant de visualiser votre succès. Laissez ces mots renforcer votre motivation et votre engagement envers vos objectifs entrepreneuriaux.

5 /// RETOUR À LA RÉALITÉ

- Revenez doucement : prenez de profondes respirations et commencez à vous réorienter vers votre environnement. Remarquez les sons autour de vous, le sol sous vos pieds, et lorsque vous êtes prêt, ouvrez lentement les yeux.
- Notez vos idées : après la méditation, prenez un moment pour noter toute nouvelle idée, sentiment ou plan qui pourrait avoir émergé pendant votre méditation. Cela peut servir de base pour vos futures actions.

Pratiquez cette méditation régulièrement pour maintenir votre focus et votre passion pour l'entrepreneuriat, renforçant ainsi votre capacité à réaliser vos ambitions.

CHAPITRE 14

ENVIE D'ATTEINDRE SES OBJECTIFS

Transformer l'aspiration en réalité

Cultiver l'envie d'atteindre ses objectifs est une démarche essentielle pour qui cherche à vivre une vie plus accomplie. Fixer des objectifs clairs et réalisables offre une direction et un sens à nos actions quotidiennes, transformant l'agitation sans fin en un parcours intentionnel vers des résultats concrets. Cette quête d'objectifs ne se résume pas à l'accomplissement de tâches ou à l'atteinte de marques externes de succès ; elle est une invitation à mieux se connaître, à comprendre ses propres désirs et capacités et à exploiter pleinement son potentiel.

Lorsque vous avez des objectifs clairs, chaque choix, chaque effort prend une dimension nouvelle : ils deviennent les pièces d'un grand puzzle que vous assemblez consciemment. **Cette perception de progrès et de contrôle est profondément satisfaisante et réduit naturellement le stress.** Au lieu de vous sentir submergé par les incertitudes de la vie, vous ressentez un sentiment de maîtrise et de compétence, ce qui renforce votre estime de soi et votre résilience face aux défis. En effet, la poursuite d'objectifs vous pousse à sortir de votre zone de confort, à expérimenter et à apprendre, renforçant ainsi votre confiance en votre capacité à gérer des situations nouvelles et difficiles.

De plus, **atteindre vos objectifs vous procure des moments de joie et de célébration, essentiels pour une bonne santé émotionnelle.** Chaque étape accomplie est une preuve tangible de votre engagement et de votre persévérance, chaque succès est un baume pour l'esprit, qui compense largement les inévitables obstacles rencontrés en chemin. Ce processus est aussi bénéfique pour votre entourage : en vous voyant poursuivre et atteindre vos objectifs, vous inspirez et motivez également ceux qui vous entourent.

Pour réellement bénéficier des avantages de cet engagement vers vos objectifs, il est crucial de les définir de manière réfléchie. Ils doivent être suffisamment stimulants pour vous motiver, mais aussi assez réalistes pour ne pas générer de frustration excessive. Une fois vos objectifs définis, élaborez un plan d'action détaillé, en décomposant chaque grand objectif en petites étapes gérables. Cela rend le processus moins intimidant et vous permet de célébrer des victoires régulières, ce qui est essentiel pour maintenir votre motivation.

En somme, **donner à votre vie une direction claire et des objectifs bien définis est une méthode puissante pour réduire le stress, augmenter votre sentiment de contrôle sur votre existence, et vous enrichir personnellement et professionnellement.** Alors, prenez un moment pour réfléchir à ce que vous désirez vraiment atteindre et lancez-vous dans cette aventure avec conviction et enthousiasme. **La satisfaction de voir vos rêves se réaliser, un pas à la fois, est une des expériences les plus enrichissantes que vous puissiez vivre.**

20 OBJECTIFS que vous pourriez vouloir atteindre

1- Améliorer la gestion du temps pour atteindre un meilleur équilibre entre vie professionnelle et vie privée.
2- Lire un livre par mois pour élargir vos horizons et stimuler votre intellect.
3- Courir un semi-marathon pour améliorer votre condition physique et votre endurance (rendez-vous en mars 2025).
4- Apprendre une nouvelle langue pour ouvrir des portes à de nouvelles cultures et opportunités de carrière.

5- Suivre un cours de cuisine pour découvrir de nouvelles saveurs et techniques culinaires.
6- Méditer quotidiennement pour réduire le stress et améliorer la concentration.
7- Économiser une certaine somme d'argent pour un grand achat.
8- Développer une nouvelle compétence professionnelle comme le codage ou le design graphique.
9- Faire du bénévolat régulièrement dans une organisation locale pour donner en retour à la communauté.
10- Créer un blog ou une newsletter pour partager vos passions ou expériences avec le monde.
11- Planifier un voyage d'aventure pour explorer un lieu exotique.
12- Cultiver un jardin pour apprécier la nature et peut-être même cultiver vos propres aliments.
13- Organiser votre maison pour un environnement de vie plus paisible et efficace.
14- Apprendre à jouer d'un instrument de musique pour exprimer votre créativité et vous détendre.
15- Améliorer votre santé mentale en travaillant avec un professionnel pour surmonter les anciens blocages ou les problèmes de stress.
16- Augmenter votre réseau professionnel en participant à des événements et des conférences dans votre domaine.
17- Écrire et publier un livre pour partager votre histoire ou expertise (on y revient toujours).
18- Maîtriser l'art de la photographie pour capturer et créer de belles images.
19- Devenir mentor pour quelqu'un dans votre domaine professionnel ou un intérêt personnel.
20- Atteindre une nouvelle certification professionnelle pour avancer dans votre carrière.

La solution

Voici un exercice de sophrologie conçu pour vous aider à focaliser votre esprit et à renforcer votre motivation pour atteindre vos objectifs.

Cet exercice combine la respiration, la relaxation et la visualisation pour activer vos ressources internes et vous préparer à réussir.

EXERCICE

1 /// PRÉPARATION

- Trouvez un endroit calme où vous ne serez pas dérangé(e) pendant environ 15 à 20 minutes.
- Assurez-vous d'être confortablement installé(e), soit assis(e) en position de lotus ou sur une chaise, les pieds bien à plat sur le sol et les mains reposant sur les cuisses ou les genoux.

2 /// DÉTENTE ET RESPIRATION

- Respiration consciente : fermez les yeux pour commencer à vous concentrer sur votre respiration. Inspirez profondément par le nez, retenez votre souffle pendant quelques secondes, puis expirez lentement par la bouche. Répétez ce cycle de respiration trois à cinq fois pour aider à détendre votre corps et votre esprit.
- Relâchement des tensions : à chaque expiration, imaginez que vous libérez les tensions accumulées dans différentes parties de votre corps. Commencez par les pieds et remontez progressivement jusqu'à la tête, en vous concentrant sur chaque région pour un relâchement complet.

3 /// ACTIVATION DU CORPS

- Tension progressive : serrez doucement les muscles de vos pieds, maintenez la tension pendant quelques secondes, puis relâchez. Répétez l'exercice en remontant progressivement jusqu'au sommet de votre tête, en tensionnant et relâchant chaque groupe de muscles. Cette étape active le corps tout en renforçant la conscience corporelle.

4 /// VISUALISATION DES OBJECTIFS

- Clarification de l'objectif : pensez clairement au but que vous souhaitez atteindre. Il peut s'agir d'un objectif professionnel, comme obtenir une promotion, ou personnel, comme apprendre une nouvelle compétence.
- Visualisation détaillée : imaginez-vous atteindre cet objectif. Visualisez toutes les étapes nécessaires pour y parvenir,

en vous voyant les accomplir avec succès. Concentrez-vous sur les sensations, les émotions et les images associées à la réalisation de votre objectif.

- Affirmation positive : associez cette visualisation à une affirmation positive qui renforce votre capacité à atteindre cet objectif. Par exemple, « je suis pleinement capable et méritant de réussir ».

5 /// ANCRAGE

- Développement d'un signal d'ancrage : pendant la visualisation, lorsque vous ressentez une sensation forte de confiance et de réussite, introduisez un signal d'ancrage. Cela peut être un geste spécifique comme placer votre main sur votre cœur, ou un geste simple comme presser le pouce et l'index ensemble. Ce geste doit être subtil mais significatif pour vous.
- Consolidation de l'ancrage : répétez ce geste chaque fois que vous atteignez le point culminant de votre visualisation où vous vous voyez réussir. L'idée est que ce geste devienne associé à des sentiments de confiance et de réussite. Avec le temps et la répétition, le simple fait de réaliser ce geste pourra vous aider à invoquer ces sentiments positifs.
- Utilisation pratique de l'ancrage : dans vos activités quotidiennes, chaque fois que vous vous sentez incertain(e) ou que vous avez besoin d'un regain de confiance pour prendre des décisions ou faire face à des défis, utilisez ce geste d'ancrage. Cela agit comme un rappel rapide de vos capacités et de votre potentiel, renforçant votre état d'esprit positif et votre focalisation sur vos objectifs.

6 /// RETOUR À LA RÉALITÉ

- Revenez doucement : prenez de profondes respirations et commencez à vous réorienter vers votre environnement. Remarquez les sons autour de vous, le sol sous vous, et lorsque vous êtes prêt(e), ouvrez lentement les yeux.

Cet exercice de sophrologie peut être pratiqué régulièrement pour maintenir votre focus et votre motivation, renforçant ainsi votre capacité à réaliser vos ambitions.

Bonus

Liste des 50 conseils bien-être pour vaincre le mauvais stress

1. **RESPIREZ PROFONDÉMENT ET CONSCIEMMENT** *comme Christophe André (psychiatre)*
2. **MÉDITEZ RÉGULIÈREMENT** *comme Jack Dorsey (entrepreneur technologique)*
3. **PRATIQUEZ LE YOGA OU LE TAI-CHI** *comme Élodie Garamond (fondatrice du Tigre Yoga Club)*
4. **ÉTABLISSEZ DES ROUTINES QUOTIDIENNES** *comme Barack Obama (président américain)*
5. **PRIORISEZ VOS TÂCHES** *comme Léa Djadja (influenceuse lifestyle)*
6. **FAITES DES PAUSES RÉGULIÈRES** *comme Bill Gates (cofondateur de Microsoft)*
7. **DÉLÉGUEZ LES TÂCHES LORSQUE C'EST POSSIBLE** *comme Xavier Niel (entrepreneur)*
8. **ÉVITEZ LA PROCRASTINATION** *comme David Laroche (coach)*
9. **MAINTENEZ UN ESPACE DE TRAVAIL ORGANISÉ** *comme Marie Kondo (experte rangement)*
10. **ÉCOUTEZ DE LA MUSIQUE RELAXANTE** *comme Petit Biscuit (artiste)*
11. **LIMITEZ VOTRE CONSOMMATION DE CAFÉINE** *comme Hugo Clément (journaliste)*
12. **DORMEZ SUFFISAMMENT** *comme Marjolaine Grondin (entrepreneuse)*
13. **FAITES RÉGULIÈREMENT DE L'EXERCICE** *comme Jennifer Lopez (artiste)*
14. **TENEZ UN JOURNAL DE GRATITUDE** *comme Marie Forleo (entrepreneuse)*
15. **APPRENEZ À DIRE NON** *comme Caroline Receveur (influenceuse et entrepreneuse française)*
16. **CONNECTEZ-VOUS AVEC LA NATURE** *comme Jane Goodall (primatologue)*
17. **PRATIQUEZ L'AUTO-COMPASSION** *comme Kristin Neff (experte autocompassion)*
18. **RIEZ SOUVENT** *comme Gad Elmaleh (humoriste)*
19. **CULTIVEZ DES RELATIONS POSITIVES** *comme Léna Mahfouf (influenceuse)*
20. **PRENEZ DES BAINS RELAXANTS** *comme Soko (actrice et chanteuse)*
21. **LISEZ DES LIVRES INSPIRANTS** *comme Bernard Werber (écrivain)*
22. **ÉVITEZ LES ÉCRANS AVANT DE DORMIR** *comme Arianna Huffington (entrepreneuse)*
23. **APPRENEZ DE NOUVELLES COMPÉTENCES DE GESTION DU TEMPS** *comme Max Piccinini (coach de réussite)*
24. **UTILISEZ DES TECHNIQUES DE VISUALISATION POSITIVE** *comme Tony Parker (ancien basketteur et entrepreneur)*
25. **ENGAGEZ-VOUS DANS DES HOBBIES CRÉATIFS** *comme Louise Bourgoin (actrice et artiste)*

26. **ÉTABLISSEZ DES OBJECTIFS RÉALISTES** *comme Zinedine Zidane (ancien footballeur)*
27. **PRATIQUEZ L'ACCEPTATION** *comme Fabrice Midal (philosophe et écrivain)*
28. **DÉTACHEZ-VOUS DES PENSÉES NÉGATIVES** *comme Deepak Chopra (expert bien-être)*
29. **PLANIFIEZ DES MOMENTS DE DÉTENTE** *comme Emma Watson (actrice)*
30. **SOYEZ PRÉSENT (PRATIQUEZ LA PLEINE CONSCIENCE)** *comme Thich Nhat Hanh (moine zen)*
31. **ÉVITEZ LES PERSONNES TOXIQUES** *comme Taylor Swift (chanteuse)*
32. **APPRENEZ À GÉRER VOS FINANCES SAINEMENT** *comme Suze Orman (experte finance)*
33. **CONSULTEZ UN PROFESSIONNEL EN SANTÉ MENTALE SI NÉCESSAIRE** *comme Demi Lovato (chanteuse)*
34. **UTILISEZ DES HUILES ESSENTIELLES OU DES BOUGIES PARFUMÉES** *comme Miranda Kerr (mannequin et entrepreneuse)*
35. **PRATIQUEZ LA BIENVEILLANCE** *comme Inès de la Fressange (mannequin et entrepreneuse)*
36. **RÉALISEZ DES EXERCICES DE RELAXATION MUSCULAIRE** *comme Christophe Carrio (coach sportif)*
37. **NE VOUS COMPAREZ PAS AUX AUTRES** *comme @Violette_fr (Violette Serrat, entrepreneuse)*
38. **FIXEZ DES LIMITES SAINES DANS LES RELATIONS** *comme Isabelle Filliozat (psychologue)*
39. **AMÉLIOREZ VOTRE ALIMENTATION** *comme Cyril Lignac (chef cuisinier)*
40. **CÉLÉBREZ VOS SUCCÈS, PETITS ET GRANDS** *comme Omar Sy (acteur)*
41. **PRATIQUEZ DES EXERCICES DE RESPIRATION** *comme Susan Oubari (experte breathwork)*
42. **ADOPTEZ UN ANIMAL DE COMPAGNIE** *comme Selena Gomez (artiste et entrepreneuse)*
43. **FAITES PREUVE D'HUMOUR** *comme Cyprien (youtubeur)*
44. **IDENTIFIEZ LES SOURCES DE VOTRE STRESS** *comme Laurent Gounelle (écrivain et conférencier)*
45. **CHERCHEZ DES PERSPECTIVES POSITIVES** *comme Shawn Achor (expert bonheur)*
46. **PARTICIPEZ À DES ACTIVITÉS COMMUNAUTAIRES** *comme Camille Étienne (activiste)*
47. **RÉDUISEZ VOTRE UTILISATION DES MÉDIAS SOCIAUX** *comme Ed Sheeran (artiste)*
48. **AMÉNAGEZ UN ESPACE PAISIBLE CHEZ VOUS** *comme Laurence Simoncini (entrepreneuse)*
49. **UTILISEZ DES APPLICATIONS DE GESTION DU STRESS** *comme Anne Dubndidu (blogueuse bien-être)*
50. **ACQUÉREZ UNE NOUVELLE COMPÉTENCE** *comme Cédric Villani (mathématicien innovant)*

Biographie

Élodie Jacquemond cumule une expertise remarquable dans le domaine du bien-être et de la communication. Diplômée en communication, Élodie a rapidement intégré le monde professionnel en tant que consultante en communication, un rôle qu'elle a tenu pendant six ans.

En quête de nouveaux défis, elle a fondé Talent Agency, une agence d'influence digitale qui a prospéré sous sa direction jusqu'à son acquisition par le groupe Webedia en 2016. Cette réussite entrepreneuriale a marqué un tournant dans sa carrière, mais Élodie ne s'est pas arrêtée là. Animée par un désir de contribuer à l'amélioration du bien-être individuel et collectif, elle a créé Holissence, un écosystème dédié au bien-être, où elle intègre ses diverses formations en sophrologie, yoga nidra, yin yoga, méditation de pleine conscience, naturopathie, et kobido.

En plus de son rôle d'entrepreneuse, Élodie est une pédagogue passionnée. Elle intervient régulièrement comme formatrice en marketing et communication auprès d'étudiants en Bachelors et Masters. Sa philosophie d'enseignement repose sur la conviction que la transmission du savoir est un vecteur de liberté.

Dans *La méthode ENJOY - ma solution anti-stress*, elle partage avec générosité les connaissances et les pratiques qui l'ont aidée à équilibrer vie professionnelle et épanouissement personnel. Ce livre n'est pas seulement un guide; c'est le reflet de l'engagement d'Élodie à enrichir la vie des autres par l'éducation et l'auto-soin. Avec cet ouvrage, elle invite chacun à explorer des techniques éprouvées pour réduire le stress et favoriser un bien-être durable.

La genèse HOLISSENCE

Holissence est une vision concrétisée par Élodie Jacquemond, un écosystème bien-être innovant qui s'est rapidement imposé comme une référence dans le domaine du bien-être.

Lancé en septembre 2017, Holissence repose sur une idée simple mais puissante : rendre le bien-être accessible à tous en démocratisant les pratiques qui y contribuent.

Au cœur de cet écosystème, on trouve plusieurs piliers stratégiquement développés pour toucher un large public. Tout d'abord, le média print d'Holissence, un journal trimestriel gratuit, distribué à 30 000 exemplaires. Chaque édition est une invitation à explorer des thématiques de bien-être à travers des articles approfondis, des interviews d'experts et des conseils pratiques. Cette publication phare est complétée par un site internet visité par plus de 180 000 internautes chaque mois, offrant des articles, des guides, et des ressources digitales pour encourager et inspirer une vie plus saine et équilibrée.

La communauté digitale de Holissence dépasse les 200 000 membres, formant un réseau actif et engagé autour des valeurs de bien-être et de santé holistique.

En plus de ces plateformes médiatiques, Holissence comprend également une agence de communication spécialisée dans la création de contenu et d'expériences bien-être pour les marques. Cette branche permet de concevoir des campagnes sur mesure qui résonnent avec les attentes des consommateurs d'aujourd'hui, désireux de trouver du sens et de la qualité dans les produits et services qu'ils consomment.

Enfin, les lieux éphémères de Holissence, véritables havres de paix, offrent des expériences immersives où les visiteurs peuvent pratiquer la méditation, le yoga, et d'autres activités bien-être, encadrées par des professionnels. Ces espaces temporaires sont une extension physique de l'engagement de Holissence à promouvoir un mod e de vie sain et harmonieux.

Dans son livre *La méthode ENJOY – ma solution anti-stress*, Élodie Jacquemond fait le lien entre sa propre évolution, la création d'Holissence et les principes de bien-être qu'elle souhaite partager.

Holissence n'est pas simplement une entreprise ; c'est une mission, une communauté, et un témoignage de la passion d'Élodie pour le bien-être global.

Remerciements

Je tiens à exprimer ma gratitude la plus profonde à toutes les personnes qui ont enrichi mon parcours et rendu possible la création de ce livre, *La méthode ENJOY – ma solution anti-stress*. Chaque mot dans ces pages est imprégné de l'amour, du soutien, et de l'inspiration que j'ai reçus au fil des ans.

Tout d'abord, je dois mon immense reconnaissance à mon fils Louis, qui est la lumière de ma vie et ma source constante de motivation. À mon mari Édouard, qui a toujours été mon roc, mon premier supporter et mon guide. Un merci tout spécial à mon papa, qui a toujours cru en moi, même lorsque les défis semblaient insurmontables. Ta confiance inébranlable m'a poussée à poursuivre mes rêves avec audace. À ma maman, qui m'a enseigné non seulement à regarder mais à vraiment voir, à percevoir le monde avec empathie et curiosité. Maman, tes leçons sont les fondations de ma vision du monde.

Je suis également reconnaissante envers toute ma famille et mes amis. Votre amour inconditionnel et votre soutien sans faille m'ont offert un havre de paix et de joie. Merci d'être toujours là !

Je tiens aussi à remercier chaleureusement tous mes collaborateurs, qui ont souvent été des collaboratrices. Chacun d'entre vous a contribué à façonner ma vision et à concrétiser mes idées. Aux boss avec qui j'ai eu le privilège de travailler, merci pour les leçons et l'inspiration.

Un merci particulier à vous, chers lectrices et lecteurs, qui parcourez ces pages. C'est pour vous que j'ai écrit ce livre, et j'espère qu'il vous apportera des outils pour cultiver sérénité et équilibre dans votre quotidien.

Enfin, je suis infiniment reconnaissante envers Séverin C., Mango Editions et mon éditrice, sans qui ce projet n'aurait jamais vu le jour.

À vous tous, merci du fond du cœur. Votre contribution à ma vie et à ce livre est inestimable et j'espère que ENJOY sera une source de bien-être et d'inspiration pour chacun d'entre vous.

Direction : Guillaume Pô
Direction éditoriale : Tatiana Delesalle
Édition : Audrey Di Santo et Emma Mauberret
Correction et relecture : Stéphane Deschamps
Direction artistique et couverture : Sylvaine Beck
Mise en pages et graphisme : Atelier des Grands Pêchers
Direction de fabrication : Thierry Dubus
Suivi de fabrication : Marie Guibert

Dépôt légal : septembre 2024
1re édition

ISBN : 9782317036187
MDS : MN36187

Retrouvez-nous également sur Instagram : @mangoeditions

Achevé d'imprimer en septembre 2024 par Graphycems en Espagne
N° d'édition : 24L023

Ce livre s'inscrit dans une démarche écoresponsable. Il est composé de matériaux issus de forêts bien gérées, certifiées FSC® et d'autres sources contrôlées. Cette certification garantit une empreinte carbone réduite et une gestion raisonnée de la forêt, qui maintient la biodiversité et protège les écosystèmes. Il a été imaginé et conçu en France, et imprimé en Europe.